KB268407

박문각

브랜드만족
1위
박문각
근거자료 별면표기
2025

파이널 패스
핵심이론 +100선

박문각 공인중개사
송성호
2차
공인중개사법·중개실무

부동산 거래신고
등에 관한 법령

중개실무

공인중개사법령

PART 01

공인중개사법령

01 총칙(중개대상물, 용어의 정의)

01 공인중개사법령상 중개대상에 관한 설명으로 옳은 것은? (다툼이 있으면 판례에 따름)

① 중개대상물인 '건축물'에는 현존의 건축물만 해당하므로 장차 건축될 특정의 건축물은 포함되지 않는다.

② 아파트 추첨기일에 신청하여 당첨되면 아파트의 분양예정자로 선정될 수 있는 지위인 입주권은 중개대상물에 해당하지 않는다.

③ 거래처, 신용, 영업상의 노하우 또는 점포위치에 따른 영업상의 이점 등 무형의 재산적 가치는 중개대상물에 해당한다.

④ 주택이 철거될 경우 일정한 요건하에 택지개발지구 내에 이주자 택지를 공급받을 지위는 중개대상물에 해당한다.

⑤ 콘크리트 지반 위에 쉽게 분리·철거가 가능한 볼트조립방식으로 철제 파이프 기둥을 세우고 지붕을 덮은 다음 3면에 천막을 설치한 세차장구조물은 중개대상물에 해당한다.

핵심체크

🔺 권리금은 중개대상물이 아니다. 따라서 개업공인중개사가 권리금계약서를 작성하는 것은 「행정사법」 위반이다(개업공인중개사는 권리금계약서를 작성할 수 없다).

🔺 **중개대상물인 건축물**은 「민법」상 부동산인 건축물에 한한다(「**건축법**」상 **건축물**×). 따라서 기둥 + 지붕 + 주벽 이렇게 세 가지가 모두 있어야 한다. 그러나 세차장구조물은 주벽이 없으므로 건축물이 아니다.

🔺 세차장구조물은 볼트조립방식으로 되어 있어서 볼트를 풀면 구조물이 쉽게 해체가 되므로 정착물도 아니고 그냥 영업시설일 뿐이다. 따라서 영업시설 그 자체로는 중개대상물에 해당하지 않는다.

02 공인중개사법령상 중개대상에 관한 설명으로 옳은 것은? (다툼이 있으면 판례에 따름)

① 법정지상권을 양도하는 행위를 알선하는 것은 중개에 해당한다.

② 유치권 행사 중인 건축물은 중개대상물에 해당하지 않는다.

③ 분필하지 않은 1필지 토지의 일부의 임대차는 중개의 대상에 해당하지 않는다.

④ 「입목에 관한 법률」에 따른 입목등기를 하지 않은 명인방법을 갖춘 수목의 집단은 중개대상물에 해당하지 않는다.

⑤ "중개"의 정의에서 말하는 '그 밖의 권리'에 저당권은 포함되지 않는다.

▣ 핵심체크

🔺 수목의 집단 ≠ 명인방법을 갖춘 수목의 집단 ≠ 입목

1. 수목의 집단은 중개대상물×
2. 명인방법을 갖춘 수목의 집단은 중개대상물○(소유권○, 저당권×)
3. 입목은 중개대상물○(소유권○, 저당권○)

🔺 저당권

1. 저당권은 중개대상권리에 해당한다.
2. 금전소비대차에 부수한 저당권은 중개대상권리에 해당한다.
3. '금전소비대차 그 자체'는 중개의 대상에 해당하지 않는다.

03 「입목에 관한 법률」에 따른 입목과 「공장 및 광업재단 저당법」에 따른 공장재단에 관한 설명으로 옳은 것은?

① 입목등록원부에 등록되지 않은 수목의 집단도 「입목에 관한 법률」에 따른 입목등기를 할 수 있다.

② 입목의 소유자는 토지와 분리하여 입목을 양도하거나 저당권의 목적으로 할 수 없다.

③ 토지소유권 또는 지상권 처분의 효력은 입목에 미친다.

④ 입목을 목적으로 하는 저당권의 효력은 입목을 벌채한 경우에 그 토지로부터 분리된 수목에 대하여 미친다.

⑤ 공장재단의 소유권보존등기의 효력은 소유권보존등기를 한 날부터 1개월 내에 저당권설정등기를 하지 아니하면 상실된다.

│ 핵심체크

▲「입목에 관한 법률」

1. **선등록 후등기** : 수목의 집단을 입목등록원부에 등록을 먼저 한 후 입목등기를 한다. 따라서 입목등록원부에 등록되지 않는 수목의 집단은 등기할 수 없다.
2. **입목의 독립성** : 토지소유권 또는 지상권 처분의 효력은 입목에 미치지 않는다.
3. **입목에 설정한 저당권의 효력** : 입목을 목적으로 하는 저당권의 효력은 입목을 벌채한 경우에 그 토지로부터 분리된 수목에 대하여 미친다.

04 공인중개사법령에 관한 설명으로 옳은 것은? (다툼이 있으면 판례에 따름)

① '투명한 부동산거래질서의 확립'은 「공인중개사법」에 명문에 규정된 목적이다.

② 소속공인중개사는 그 소속 개업공인중개사인 법인의 임원이 될 수 없다.

③ 공인중개사자격취득 후 중개사무소의 개설등록을 하지 않은 자는 개업공인중개사가 아니다.

④ 개업공인중개사의 중개행위는 기본적으로 법률행위에 해당한다.

⑤ 중개와 위임은 선량한 관리자의 주의의무를 부담한다는 점에서 유사하지만, 중개는 신뢰를 요소로 하며 무상이 원칙이지만 위임은 신뢰를 요소로 하지 않으며 유상이 원칙이다.

핵심체크

「공인중개사법」의 목적

공인중개사의 업무, 전문성 제고, 중개업의 육성, 국민경제에 이바지

중개행위(중개)의 성격

사실행위○, 상행위○, 법률행위×

승진 vs 이중소속

1. 소속공인중개사는 **그 소속** 개업공인중개사인 법인의 임원이 될 수 있다.(○)
   ⇨ 승진 가능하다.
2. 소속공인중개사는 **다른** 개업공인중개사인 법인의 임원이 될 수 있다.(×)
   ⇨ 이중소속이 된다.

05 공인중개사법령상 용어와 관련된 설명으로 옳은 것은? (다툼이 있으면 판례에 따름)

① 공인중개사에는 외국법에 따라 공인중개사 자격을 취득한 자도 포함된다.

② 공인중개사로서 개업공인중개사에 고용되어 그의 중개업무를 보조하는 자는 소속공인중개사가 아니다.

③ 개업공인중개사인 법인의 임원 또는 사원으로서 중개업무를 수행하는 공인중개사는 소속공인중개사가 아니다.

④ 중개보조원이라 함은 공인중개사가 아닌 자로서 개업공인중개사에 소속되어 단순한 업무를 보조하는 고용신고된 자를 말한다.

⑤ 개업공인중개사의 행위가 손해배상책임을 발생시킬 수 있는 "중개행위"에 해당하는지는 객관적으로 보아 사회통념상 거래의 알선·중개를 위한 행위라고 인정되는지에 따라 판단해야 한다.

▌핵심체크

▲ 문제를 풀 때 '~라 함은'이라고 나오면 법조문 표현 그대로 나와야 맞는 지문이다.

예 '중개'라 함은 중개대상물에 대해서 거래당사자 간의 매매·교환·임대차를 알선 하는 것을 말한다.(×)

⇨ 법조문에는 '중개대상물에 대해서 거래당사자 간의 매매·교환·임대차 그 밖의 권리의 득실변경행위를 알선 하는 것을 말한다.'라고 되어 있다.

▲ 판단기준은 객관적 판단

중개행위, 중개를 업으로, 업무상 행위, 매매를 업으로 ⇨ 객관적 판단○, 주관적 의사는 고려×

06 공인중개사법령상 중개업에 관한 설명으로 옳은 것은? (다툼이 있으면 판례에 따름)

① 반복, 계속성이나 영업성 없이 단 1회 건물전세계약의 중개를 하고 보수를 받은 경우 중개를 업으로 한 것으로 본다.

② 중개사무소의 개설등록을 하지 않은 자가 다른 사람의 의뢰에 의하여 일정한 보수를 받고 중개를 업으로 행한 경우, 중개업에 해당하지 않는다.

③ 보수를 받고 오로지 토지만의 중개를 업으로 하는 경우, 중개업에 해당한다.

④ 일정한 보수를 받고 부동산 중개행위를 부동산 컨설팅행위에 부수하여 업으로 하는 경우, 중개업에 해당하지 않는다.

⑤ 다른 사람의 의뢰에 의하여 일정한 보수를 받고 부동산에 대한 저당권설정행위의 알선을 업으로 하는 경우, 그 행위의 알선이 금전소비대차의 알선에 부수하여 이루어졌다면 중개업에 해당하지 않는다.

핵심체크

▲ 중개업정리

1. 중개업은 보수가 요건○, 무상의 중개업×
2. 개업공인중개사가 아닌 자도 중개업의 요건을 충족시킬 수 있다. 다만, 무등록 중개업으로 3년 – 3천의 처벌○
3. 토지 전문 중개업○
4. 컨설팅업에 부수해서 해도 중개업○, 금전소비대차에 부수해서 해도 중개업○
5. 관공서에서 복지 차원으로 하는 것은 중개업×

02 공인중개사

07 공인중개사법령상 공인중개사의 자격 및 자격증 등에 관한 설명으로 옳은 것은?

① 국토교통부장관은 공인중개사자격시험 합격자의 결정·공고일부터 1개월 이내에 시험합격자에 관한 사항을 공인중개사자격증 교부대장에 기재한 후 공인중개사 자격증을 교부해야 한다.

② 시험시행기관장은 시험을 시행하기 어려운 부득이한 사정이 있는 경우에는 공인중개사 정책심의위원회(이하 "심의위원회")의 의결을 거쳐 해당 연도의 시험을 시행하지 않을 수 있다.

③ 공인중개사 자격이 취소된 후 5년이 지나지 아니한 자는 공인중개사가 될 수 없다.

④ 심의위원회 위원이 해당 안건의 당사자의 대리인이었지만 현재는 대리인이 아닌 경우, 심의위원회의 심의·의결에서 제척되지 않는다.

⑤ 공인중개사 자격증을 처음으로 교부받는 자는 해당 지방자치단체의 조례가 정하는 바에 따라 수수료를 납부해야 한다.

핵심체크

🔺 용어 정리

1. **제척** : 관련자 빠지는 것
2. **기피신청** : 관련자를 빼달라고 신청하는 것
3. **회피** : 관련자 스스로 빠지는 것 ⇨ 회피는 의무이다.
4. **해촉** : 관련자 스스로 회피하지 않으면 국토교통부장관이 해촉할 수 있다.

🔺 과거형도 제척

배우자이었던 경우, 친족이었던 경우, 대리인이었던 경우에도 제척된다.

🔺 교부 ≠ 재교부

교부는 수수료를 납부하지 않고, 재교부는 수수료를 납부해야 한다.

08 공인중개사법령상 공인중개사정책심의위원회(이하 심의위원회)에 관한 설명으로 옳은 것은?

① 위원장은 국토교통부 제2차관이 된다.

② 심의위원회는 위원장 1명을 제외하고 7명 이상 11명 이내의 위원으로 구성한다.

③ 심의위원회에서는 중개보수 변경에 관한 사항을 정하는 경우 시·도지사는 이에 따라야 한다.

④ 심의위원회에 심의위원회의 사무를 처리할 간사 1명과 회의록을 작성할 서기 1명을 둔다.

⑤ 위원장이 부득이한 사유로 직무를 수행할 수 없을 때에는 위원장이 미리 지명한 위원이 그 직무를 대행한다.

핵심체크

🔺 자격 vs 시험(= 자격의 취득)

1. 자격취소, 자격정지, 자격증 재교부, 자격증 반납은 자격증을 교부한 시·도지사가 한다. 그러니 '시험(= 자격의 취득)' 관련 사항은 심의위원회에서 한다.

2. '시험(= 자격의 취득)' 관련 사항을 심의위원회가 정하면 시·도지사는 이에 따라야 한다. ⇨ 시험(= 자격의 취득)은 심의위원회가 우선한다.

03 중개사무소의 개설등록

09 공인중개사법령상 법인이 중개사무소를 개설하려는 경우 그 등록기준으로 옳은 것은? (다른 법률에 따라 중개업을 할 수 있는 경우는 제외함)

① 대표자는 공인중개사이어야 하며, 대표자를 포함한 임원 또는 사원의 3분의 1 이상은 공인중개사일 것

② 법인의 대표자, 임원 또는 사원의 3분의 1 이상이 실무교육을 받았을 것

③ 중개업만을 영위할 목적으로 설립된 법인일 것

④ 「상법」상 유한책임회사인 경우 자본금이 5천만원 이상일 것

⑤ 건축물대장에 기재된 건물에 50m² 이상의 중개사무소를 확보할 것

▲ 핵심체크

▲ 등록기준으로 옳은 것은?(○× 문제)

대표자는 공인중개사이고, 대표자를 제외한 임원 또는 사원의 2분의 1이 공인중개사일 것(×) ⇨ 이 설명이 옳은 것인가 틀린 것인가를 판단하는 ○×문제이다. '3분의 1 이상이 공인중개사일 것'이 옳은 설명이므로 '2분의 1 이상이 공인중개사일 것'은 틀린 설명이다.

10 공인중개사법령상 중개사무소의 개설등록기준에 관한 설명으로 옳은 것은? (주어진 조건만 고려함)

① 다른 법률의 규정에 따라 중개업을 할 수 있는 자도 공인중개사법령에서 정한 개설등록 기준을 갖추어야 한다.

②「상법」상 합명회사는 자본금이 5천만원 미만이더라도 개설등록을 할 수 있다.

③「협동조합 기본법」상 사회적 협동조합으로서 자본금이 5천만원 이상이면 개설등록을 할 수 있다.

④ 대표자는 공인중개사이고, 대표자를 제외한 임원 중 2분의 1이 공인중개사인 주식회사는 개설등록을 할 수 없다.

⑤ 중개업만을 영위할 목적으로 설립된 법인은 개설등록을 할 수 있다.

핵심체크

▲ 되는 것 vs 안 되는 것

1. 되는 것은 자본금을 확인 ⇨ 5천만원 이상
   예 주식회사는 자본금 5천만원 이상일 것
2. 안 되는 것은 바로 ×
   예 사회적 협동조합은 바로 ×

▲ 등록을 할 수 있는 법인은? (사례 문제)

대표자는 공인중개사이고, 대표자를 제외한 임원 중에서 2분의 1이 공인중개사인 주식회사(○) ⇨ 이 주식회사가 등록을 할 수 있나 없나를 판단하는 사례 문제이다. **대표자를 제외한 임원의 3분의 1 이상이 공인중개사면 되는데 2분의 1이 공인중개사면 등록할 수 있다.**

11 공인중개사법령상 중개사무소의 개설등록에 관한 설명으로 옳은 것은?

① 공인중개사(소속공인중개사는 제외) 또는 법인이 아닌 자는 중개사무소 개설등록을 신청할 수 없다.

② A광역시 甲구(區)에 중개사무소를 두고자 개설등록을 신청한 자에게는 A광역시장이 중개사무소등록증을 교부해야 한다.

③ 개업공인중개사의 인장등록은 중개사무소 개설등록신청과 같이 해야 한다.

④ 개설등록신청을 받은 등록관청은 업무보증의 설정 여부를 확인하고, 신청일부터 7일 이내에 신청인에게 서면으로 통지해야 한다.

⑤ 중개사무소등록증에 개업공인중개사의 종별을 법인, 공인중개사 두 가지로 구분하고 있다.

핵심체크

▲ 업무보증의 설정 시기

등록신청 전에 업무보증을 설정하는 것이 아니고, 등록 후 업무개시 전까지 업무보증을 설정한다. 따라서 등록신청을 받은 등록관청이 업무보증의 설정 여부를 확인하는 것이 아니고, **중개사무등록증을 교부하기 전에 등록관청이 업무보증의 설정 여부를 확인한다.**

▲ 등록신청서 vs 중개사무소등록증

1. **등록신청서**에는 종별을 법인, 공인중개사 두 가지로 구분하고 있다.
2. **중개사무소등록증**에 개업공인중개사의 종별을 법인, 공인중개사, 부칙상의 개업공인중개사 세 가지로 구분하고 있다.

12 공인중개사법령에 관한 설명으로 옳은 것은?

① 중개사무소 개설등록의 기준은 국토교통부령으로 정한다.

② 등록관청은 이중으로 등록된 중개사무소의 개설등록을 취소할 수 있다.

③ 개업공인중개사는 소속공인중개사를 고용한 경우 소속공인중개사의 공인중개사 자격증 원본을 중개사무소 안의 보기 쉬운 곳에 게시해야 한다.

④ 개업공인중개사가 「공인중개사법」을 위반하여 300만원의 벌금형 선고를 받은 경우, 벌금형 선고와 동시에 등록의 효력은 소멸한다.

⑤ 등록관청은 중개사무소등록증을 교부한 사항을 다음 달 10일까지 시·도지사에게 통보해야 한다.

핵심체크

⌂ 대통령령과 국토교통부령

'기준'은 대통령령으로 정한다. 그러나 '정지'부과기준은 국토교통부령으로 정한다.

📵 등록기준은 대통령령으로 정한다.

📵 자격정지부과기준은 국토교통부령으로 정한다.

⌂ 등록의 효력소멸

등록취소처분을 받아야 등록의 효력이 소멸한다. 따라서 **등록의 결격사유가 발생한 경우에도 등록취소처분을 받기 전에는 능록의 효력이 있다.**

그러나 개인의 사망·법인의 해산은 등록취소처분을 받지 않아도 그 순간에 등록의 효력이 소멸한다.

04   등록의 결격사유

13 공인중개사법령상 개업공인중개사의 중개보조원이 될 수 있는 자는?

① 공인중개사 자격시험에 응시하여 부정행위로 무효처분이 있은 후 5년이 지나지 아니한 자

② 공인중개사 자격이 취소된 후 3년이 지나지 아니한 자

③ 징역형의 집행유예를 받고 그 유예기간이 만료된 후 2년이 지나지 아니한 자

④ 「공인중개사법」을 위반하여 300만원의 벌금형 선고를 받고 3년이 지나지 아니한 자

⑤ 6개월의 업무정지처분을 받고, 업무정지처분을 받은 날부터 6개월이 지나지 아니한 자

핵심체크

🔺 응시 결격사유 vs 등록의 결격사유

1. **자격취소** + 3년간 응시 결격사유○, 등록의 결격사유○ ⇨ 3년간 시험도 볼 수 없고, 중개보조원으로도 활동할 수 없다.

2. **부정행위자** + 5년간 응시 결격사유○, 등록의 결격사유× ⇨ 5년간 시험을 볼 수는 없지만 중개보조원으로 활동할 수는 있다.

🔺 집행유예는 **유예기간 + 2년간** 등록의 결격사유이다(선고유예×, 기소유예×).

🔺 6개월의 업무정지처분을 받고 처분받은 날부터 6개월이 지나지 아니한 자는 등록의 결격사유는 아니지만 **업무정지처분을 받은 자**이므로 중개보조원이 될 수 없다.

14 공인중개사법령상 등록취소처분을 받은 경우, 등록취소일부터 3년간 등록의 결격사유에 해당하는 경우는? (주어진 조건만 고려함)

① 법인인 개업공인중개사가 해산을 해서 등록이 취소된 경우

② 등록기준에 미달되어 등록이 취소된 경우

③ 「공인중개사법」을 위반하여 300만원의 벌금형 선고를 받아서 등록이 취소된 경우

④ 파산선고를 받아서 등록이 취소된 경우

⑤ 중개사무소등록증을 대여해서 등록이 취소된 경우

핵심체크

🔺 등록취소의 이유가 **사.기.결**이면 등록취소일에 + 3년을 하지 않는다. 무조건 + 3년을 하지 않는 것이 아니라 **등록취소일에 + 3년을 하지 않는 것이다.**

🔺 「공인중개사법」을 위반하여 300만원의 벌금형 선고를 받아서 등록이 취소된 경우 **등록취소일에 + 3년을 하지 않고, 벌금형 선고일에 + 3년을 한다.**

15 공인중개사법령상 중개사무소 개설등록의 결격사유에 해당하지 <u>않는</u> 자는? (주어진 조건만 고려함)

① 만 19세에 달하지 아니한 자

② 법인인 개업공인중개사의 업무정지사유 발생 후 업무정지처분을 받기 전에 그 법인의 임원으로 선임되었던 자

③ 금고 이상의 실형의 선고를 받고 그 집행이 종료되거나 집행이 면제된 날부터 3년이 지나지 아니한 자

④ 피한정후견인이 임원으로 있는 법인

⑤ 거짓으로 중개사무소의 개설등록을 하여 개설등록이 취소된 후 3년이 지나지 아니한 자

핵심체크

⋏ 법인인 개업공인중개사의 업무정지

업무정지사유 발생 당시의 임원 또는 사원이었던 자가 그 업무정지기간 동안 등록의 결격사유이다(처분 당시×, 고용인×).

⋏ 결격기간의 비교

1. 집행종료(만기석방) + 3년
2. 가석방 + **잔형기** + 3년
3. 집행면제(특별사면) + 3년
4. 일반사면 + 즉시

05 업무범위와 고용인

16 공인중개사법령상 법인인 개업공인중개사의 업무범위에 관한 설명으로 옳은 것은? (다른 법률에 의해 중개업을 할 수 있는 경우는 제외함)

① 중개업에 부수되는 도배 및 이사업체를 운영할 수 있다.
② 주택용지의 분양대행업을 할 수 있다.
③ 상업용 건축물 및 주택의 임대관리업을 할 수 없다.
④ 겸업제한 규정을 위반한 경우, 등록관청은 중개사무소의 개설등록을 취소해야 한다.
⑤ 경매대상 부동산에 대해서 권리분석 및 취득의 알선만을 하고자 하는 경우에는 매수신청대리인 등록이 불필요하다.

핵심체크

▲ 법인인 개업공인중개사만 업무범위의 제한이 있다. **법인 업무 중 이분관상경 · 경한다.**
  ⇨ 위반시 임의적 등록취소
  개인인 개업공인중개사는 업무범위의 제한이 없다. 따라서 이사업과 도배업도 할 수 있다.

▲ 분양대행, 임대관리, 관리대행은 **주택 및 상업용 건축물**에 대해서만 가능하다.

▲ '업' 때문에 ×라고 하지 말자!
  예 주택의 분양대행○, 주택의 분양대행업○, 주택의 분양대행업무○

▲ 경매 대상에 대한 대리업무 ⇨ 법원에 등록을 하고 해야 한다(공매대상은 등록×, 권리분석 · 취득알선만 하는 것도 등록×).

17 공인중개사법령상 개업공인중개사의 고용인과 관련된 설명으로 옳은 것은? (다툼이 있으면 판례에 따름)

① 소속공인중개사에 대한 고용신고를 받은 등록관청은 공인중개사 자격증을 발급한 시·도지사에게 그 자격 확인을 요청해야 한다.

② 개업공인중개사가 소속공인중개사를 1명 고용한 경우, 중개보조원은 5명까지 고용할 수 있다.

③ 개업공인중개사는 소속공인중개사와의 고용관계가 종료된 때에는 별도로 신고하지 않아도 된다.

④ 중개보조원이 현장안내 등 중개업무를 보조하는 경우 중개의뢰인에게 본인이 중개보조원이라는 사실을 미리 알리지 않으면 1년 이하의 징역 또는 1천만원 이하의 벌금에 처한다.

⑤ 중개보조원의 업무상 행위가 법령을 위반한 경우 중개보조원에게 업무정지 처분을 할 수 있다.

핵심체크

▲ 자격증 사본을 제출하지 않는 이유

1. 등록관청은 자격증을 발급한 시·도지사에게 자격의 확인을 요청해야 한다.
   ⇨ 즉, 등록관청을 찾아 간 경우에는 자격증 사본을 제출하지 않는다.
2. 지정신청을 하는 경우(국교통부장관), 매수신청대리인 등록신청을 하는 경우(법원)에는 자격증 사본을 제출해야 한다.

▲ 중개보조원의 인원 수 제한

개업공인중개사와 소속공인중개사의 합한 수의 5배를 초과할 수 없다. 위반시 절대적 등록취소사유 + 1년 − 1천

▲ 중개보조원의 고지의무

중개보조원이 고지의무를 위반한 경우 **500만원 이하의 과태료**를 부과한다. 개업공인중개사도 함께 500만원 이하의 과태료를 부과한다. 다만, **개업공인중개사가 무과실이면 개업공인중개사에게는 과태료를 부과하지 않는다.**

▲ 중개보조원은 행정처분×, 손해배상책임○, 행정형벌○

18 공인중개사법령상 개업공인중개사 甲과 그가 고용한 중개보조원 乙에 관한 설명으로 옳은 것은?

① 乙이 고의 또는 과실의 업무상 행위로 중개의뢰인에게 재산상 손해를 입힌 경우, 甲이 乙의 위반행위를 방지하기 위하여 상당한 주의와 감독을 게을리하지 않았다면 甲은 손해배상책임이 면제된다.

② 乙이 고의 또는 과실의 업무상 행위로 재산상 손해를 입은 중개의뢰인은 甲의 보증기관에 보증금을 청구할 수 없다.

③ 乙이 중개의뢰인에게 판단을 그르치는 금지행위를 한 경우 乙은 1년 이하의 징역 또는 1천만원 이하의 벌금에 처한다.

④ 甲이 乙의 위반행위를 방지하기 위하여 상당한 주의와 감독을 게을리하지 않은 경우, 甲은 징역형을 선고받지 않지만 벌금형을 선고받을 수 있다.

⑤ 乙이 중개의뢰인에게 판단을 그르치는 금지행위를 한 경우, 甲은 행정처분을 받지 않는다.

■ 핵심체크

🔺 민사상 책임 vs 형사상 책임

개업공인중개사는 민사상 책임(손해, 손해배상)에서는 무과실책임을 진다.

⇨ 민사상 책임에는 면책규정이 없다. 그러나 형사상 책임에서는 면책규정이 있다.

🔺 행정상 책임

고용인의 업무상 위반행위로 개업공인중개사는 행정처분(절.등.취 or 임.등.취 or 업무정지)을 받는다.

예 고용인이 업무정지에 해당하는 위반행위를 한 경우 개업공인중개사는 업무정지처분을 받을 수 있다.(○)

06 중개사무소

19 공인중개사법령상 중개사무소의 설치에 관한 설명으로 옳은 것은?

① 법인인 개업공인중개사는 중개사무소로 개설등록할 건물의 소유권을 반드시 확보해야 한다.

② 분사무소의 설치신고를 하려는 자는 분사무소설치신고서에 분사무소의 책임자의 공인중개사자격증을 발급한 시·도를 기재해야 한다.

③ 법인이 아닌 개업공인중개사는 부득이한 사유가 있는 경우에 한하여 등록관청의 허가를 받아 분사무소를 둘 수 있다.

④ 개업공인중개사가 「공인중개사법」을 위반하여 둘 이상의 중개사무소를 둔 경우 등록관청은 중개사무소의 개설등록을 취소하여야 한다.

⑤ 개업공인중개사가 이동이 용이한 임시 중개시설물을 설치한 경우 등록관청은 업무의 정지를 명할 수 없다.

핵심체크

🔺 자격증 사본을 제출하지 않는 경우(등록신청, 분사무소설치신고, 소속공인중개사 고용신고)에는 자격증을 발급한 시·도를 기재해야 한다.

🔺 **이중등록 vs 이중사무소**

  1. 이중으로 중개사무소의 개설등록을 한 경우 = 이중등록
    ⇨ 절대적 등록취소사유
  2. 둘 이상의 중개사무소를 둔 경우 = 이중사무소
    ⇨ 임의적 등록취소사유

🔺 **양다리 vs 떴다방**

  1. 이중등록과 이중소속(양다리) ⇨ 절대적 등록취소 + 1년 – 1천
  2. 이중사무소와 임시 중개시설물(떴다방) ⇨ 임의적 등록취소 + 1년 – 1천
                        임.등.취는 업무정지가 가능하다.

20 공인중개사법령상 분사무소에 관한 설명으로 옳은 것은?

① 법인인 개업공인중개사는 주된 사무소가 소재하는 등록관청 관할구역 안에 분사무소를 둘 수 있다.

② 법인인 개업공인중개사는 분사무소설치신고확인서를 교부받고 업무개시 전까지 2억원 이상의 업무보증을 추가로 설정하여야 한다.

③ 다른 법률의 규정에 따라 중개업을 할 수 있는 법인의 분사무소에도 공인중개사를 책임자로 두어야 한다.

④ 분사무소 설치신고는 주된 사무소의 소재지를 관할하는 등록관청에 해야 한다.

⑤ 분사무소의 설치는 업무정지 기간 중에 있는 다른 개업공인중개사의 중개사무소를 공동으로 사용하는 방법으로도 할 수 있다.

█ 핵심체크

▲ 업무보증의 설정시기

1. 등록신청 ⇨ 등록 후 업무개시 전까지 업무보증을 설정
2. 분사무소설치신고 ⇨ 설치신고 전에 미리 업무보증을 설정

▲ 다른 법률의 규정에 따라 중개업을 할 수 있는 법인의 분사무소에는 공인중개사를 책임자로 두지 않아도 된다. ⇨ 특수법인은 공인중개사가 1명도 없어도 되니까

▲ 업무정지는 후발적 공동사용이 제한된다. ⇨ 업무정지 기간 중에 있는 자의 사무소에 후발적으로 못 들어가고, 업무정지 기간 중인 자가 이전신고로 다른 사무소에 못 들어간다.

21 공인중개사법령상 중개사무소의 이전신고에 관한 설명으로 옳은 것은?

① 중개사무소를 관할구역 외의 지역으로 이전한 때에는 이전한 날부터 10일 이내에 이전 전의 중개사무소를 관할하는 시장·군수 또는 구청장에 이전 사실을 신고해야 한다.

② 분사무소를 관할구역 외의 지역으로 이전한 때에는 이전 후의 분사무소의 소재지를 관할하는 시장·군수 또는 구청장에 이전신고를 해야 한다.

③ 분사무소의 이전신고를 하려는 법인인 개업공인중개사는 분사무소설치신고확인서를 첨부해야 한다.

④ 분사무소의 이전신고를 받은 등록관청은 지체 없이 이를 이전 전 또는 이전 후의 소재지를 관할하는 시장·군수 또는 구청장에게 통보하면 된다.

⑤ 중개사무소를 등록관청의 관할구역 외의 지역으로 이전한 경우, 그 이전신고 전에 발생한 사유로 인한 개업공인중개사에 대한 행정처분은 종전의 등록관청이 행한다.

핵심체크

▲ 이전신고시 제출서류(첨부서류)

1. **중개사무소**(개인의 사무소, 법인의 주된 사무소) 이전신고 ⇨ **중개사무소등록증** 제출
2. **분사무소** 이전신고 ⇨ **신고확인서** 제출

▲ 관외이전시 송부서류

1. 등록대장
2. 개설등록신청서류
3. 최근 1년간 행정처분 및 행정처분절차가 진행 중인 경우 그 관련서류 ⇨ 이전신고 전 사유로 인한 행정처분을 이전 후 등록관청이 행한다.

22 공인중개사법령상 공인중개사인 개업공인중개사가 중개사무소를 등록관청의 관할구역 외의 지역으로 이전한 경우에 관한 설명으로 옳은 것을 모두 고른 것은?

> ㉠ 이전신고를 받은 이전 후의 등록관청은 중개사무소등록증에 변경사항을 적어 교부할 수 없고, 재교부해야 한다.
> ㉡ 건축물대장에 기재되지 않은 건물로 이전신고를 한 경우, 건축물대장에 기재가 된 후에 지체 없이 건축물대장을 제출해야 한다.
> ㉢ 최근 1년간의 행정처분 및 행정처분절차가 진행 중인 경우 그 관련서류는 이전 전의 등록관청이 이전 후의 등록관청에게 송부하는 서류에 해당한다.
> ㉣ 중개사무소등록증이 재교부되더라도 재교부에 따른 수수료를 납부하지 않는다.
> ㉤ 등록관청은 중개사무소의 이전신고를 받은 때에는 그 사실을 다음 달 10일까지 공인중개사협회에 통보해야 한다.

① ㉠, ㉤ ② ㉡, ㉣ ③ ㉣, ㉤
④ ㉠, ㉢, ㉤ ⑤ ㉠, ㉡, ㉢, ㉣, ㉤

▮ 핵심체크

> ▲ **관내이전의 경우 변경사항을 적어 교부할 수 있다.** 그러나 관외이전의 경우에는 무조건 재교부를 해야 한다. ⇨ 중개사무소와 분사무소에서 동일하다.
>
> ▲ 건축물대장에 기재되지 않은 건물로 이전한 경우 건축물대장을 제출하는 것이 아니라, 건축물대장에 기재가 지연되는 사유를 적은 서류를 제출해야 한다.
>
> ▲ 중개사무소등록증이 재교부가 되면 재교부에 따른 수수료를 납부해야 한다.

07 사무소 명칭 사용의무와 표시·광고

23 공인중개사법령상 사무소 명칭과 성명표기에 관한 설명으로 옳은 것은? (다른 법률에 따라 중개업을 할 수 있는 경우는 제외함)

① 공인중개사 자격이 없는 개인인 개업공인중개사는 사무소의 명칭에 "공인중개사사무소"라는 문자를 사용할 수 있다.

② 법인인 개업공인중개사는 사무소의 명칭에 "공인중개사사무소" 또는 "부동산중개"라는 문자를 사용해야 한다.

③ 시·도지사는 사무소의 명칭을 위반한 사무소 간판의 철거를 명하였음에도 이를 철거하지 않는 경우 「행정대집행법」에 따라 대집행할 수 있다.

④ 개업공인중개사는 옥외광고물에 등록번호와 연락처를 표기해야 한다.

⑤ 법인인 개업공인중개사가 분사무소의 벽면이용간판을 설치하는 경우 법인의 대표자 성명을 인식할 수 있는 정도의 크기로 표기해야 한다.

핵심체크

🔺 공인중개사 자격이 없는 개인인 개업공인중개사 = 부칙상의 개업공인중개사

🔺 옥외광고물 vs 표시·광고
  1. 옥외광고물(간판)에 등록번호와 연락처 표기의무는 없다.
  2. 표시·광고시 등록번호와 연락처 명시의무는 있다.

24 공인중개사법령상 중개대상물의 표시·광고에 관한 설명으로 옳은 것은?

① 소속공인중개사는 의뢰받은 중개대상물에 대하여 소속공인중개사의 명의로 표시·광고를 할 수 있다.

② 개업공인중개사가 인터넷을 이용하여 건축물에 대한 표시·광고를 하는 때에는 총 층수를 명시하여야 하지만, 중개사무소의 명칭, 소재지, 연락처, 개업공인중개사의 성명은 명시하지 않아도 된다.

③ 개업공인중개사가 중개대상물의 가격 등 내용을 사실과 다르게 거짓으로 표시·광고를 한 경우 500만원 이하의 과태료를 부과한다.

④ 중개대상물에 대하여 표시·광고를 하면서 등록번호를 명시하지 아니한 개업공인중개사를 신고한 자는 포싱금 지급대상자에 해당한다.

⑤ 중개대상물 선택에 중요한 영향을 미칠 수 있는 사실을 빠뜨리거나 은폐·축소하는 등의 방법으로 소비자를 속이는 표시·광고를 한 개업공인중개사를 신고한 자는 포상금 지급대상자에 해당한다.

핵심체크

⚠ 개업공인중개사가 아닌 자는 표시·광고를 할 수 없다. 따라서 **소속공인중개사도 소속공인중개사의 명의도 표시·광고를 할 수 없다.**

⚠ 부당한 표시·광고

무(無)지 과장하고 축소해 ⇨ 500만원 이하의 과태료

⚠ 표시·광고 관련 제재

1. **개업공인중개사가 아닌 자로서 표시·광고를 한 자**(1년 − 1천)를 신고한 자가 포상금 지급대상자에 해당한다.

2. 개업공인중개사가 표시·광고시 명시 사항을 위반한 경우(100만원 이하의 과태료)와 개업공인중개사가 부당한 표시·광고를 한 경우(500만원 이하의 과태료)를 신고한 자는 포상금 지급대상자에 해당하지 않는다.

25 공인중개사법령에 관한 내용으로 옳은 것은?

① 중개사무소의 개설등록을 하지 않은 공인중개사는 "부동산중개"라는 명칭을 사용할 수 있다.

② 개업공인중개사가 아닌 자가 사무소 간판에 "공인중개사사무소"의 명칭을 사용한 경우 등록관청은 그 간판의 철거를 명할 수 있다.

③ 공공기관, 정부출연연구기관은 모니터링 기관이 될 수 없다.

④ 모니터링 기관은 기본 모니터링 업무를 수행하려면 모니터링 기본계획서를 매 분기 시작 전까지 국토교통부장관에게 제출해야 한다.

⑤ 모니터링 기관은 기본 모니터링 업무를 수행한 후 해당 업무에 따른 결과보고서를 매 분기의 마지막 날부터 15일 이내에 국토교통부장관에게 제출해야 한다.

핵심체크

⚑ 대집행 비교

1. 사무소명칭, 성명표기를 위반한 간판 ⇨ 철거명령○ ⇨ 철거× ⇨ 대집행
2. 사무소이전, 폐업신고, 등록취소 ⇨ 지체 없이 철거(철거명령×) ⇨ 철거× ⇨ 대집행

⚑ 기본 모니터링(분기별로) **vs 수시 모니터링**(의심되면)

1. **계획서** : 기본 모니터링(매년 12월 31일까지)
   수시 모니터링(모니터링 전까지)
2. **결과보고서** : 기본 모니터링(매 분기의 마지막 날부터 30일 이내)
   수시 모니터링(완료한 날부터 15일 이내)

08 인장등록과 휴업·폐업

26 공인중개사법령상 인장등록에 관한 설명으로 옳은 것은?

① 개업공인중개사의 인장이 등록관청에 등록되어 있으면 소속공인중개사의 인장은 소속공인중개사의 업무개시 후에 등록해도 된다.

② 분사무소에서 사용할 인장의 경우 「상업등기규칙」 제35조 제3항에 따라 분사무소책임자가 보증하는 인장을 등록할 수 있다.

③ 법인인 개업공인중개사의 인장등록은 「상업등기규칙」에 따른 인감증명서의 제출로 갈음할 수 없다.

④ 소속공인중개사는 주민등록표에 기재된 성명이 나타난 인장으로서 가로 10mm, 세로 20mm인 인장을 등록할 수 있다.

⑤ 등록한 인장을 변경한 경우 변경일부터 7일 이내에 그 변경된 인장을 등록관청에 등록해야 한다. 인장의 변경등록은 전자문서에 의한 방법으로 할 수 없다.

핵심체크

▲ 개인은 가로, 세로 각각 7mm 이상 30mm 이내면 되니까 가로 10mm, 세로 20mm인 인장을 등록할 수 있다. ⇨ 사례 문제

▲ 전사문서 인정×

고용관계의 종료신고, 사무소 이전신고, 휴업·폐업신고, 부동산거래신고에서 신고를 대행하는 경우, 부동산거래신고에서 신고를 거부한 경우

27 공인중개사법령상 휴업 또는 폐업에 관한 설명으로 옳은 것은?

① 관할 세무서장이 「부가가치세법 시행령」에 따라 공인중개사법령상의 휴업 신고서를 함께 받아 이를 해당 등록관청에 송부한 경우에도 등록관청에 별도로 휴업신고서를 제출해야 한다.

② 개업공인중개사가 휴업신고한 중개업을 재개하고자 하는 경우, 휴업한 중개업의 재개 후 지체 없이 재개신고를 해야 한다.

③ 법인인 개업공인중개사의 분사무소는 주된 사무소와 별도로 휴업할 수 없다.

④ 휴업기간 중에 있는 개업공인중개사는 다른 개업공인중개사의 소속공인중개사가 될 수 있다.

⑤ 중개사무소재개신고를 받은 등록관청은 반납받은 중개사무소등록증 또는 신고확인서를 즉시 반환해야 한다.

핵심체크

▲ 일괄 제출(휴업·폐업신고서 제출 의제)

관할 세무서장이 「부가가치세법 시행령」에 따라 공인중개사법령상의 휴업·폐업신고서를 함께 받아 이를 해당 등록관청에 송부한 경우에는 휴업·폐업신고서가 제출된 것으로 본다.

▲ 휴업, 폐업, 재개, 변경 신고는 모두 사전 신고(~하고자 하는 경우)

예 3개월 초과 휴업을 하고자 하는 경우 신고해야 한다.(○)

예 3개월 초과 휴업을 한 경우 신고해야 한다.(×)

28 공인중개사법령상 휴업과 폐업에 관한 설명으로 옳은 것은?

① 3개월 이하의 휴업을 하면서 신고하지 아니한 경우 과태료처분을 받을 수 있다.

② 임신 또는 출산을 이유로 하는 휴업은 6개월을 초과할 수 있다.

③ 휴업기간 변경신고와 재개신고는 전자문서에 의한 방법으로 할 수 없다.

④ 등록관청에 휴업사실을 신고한 경우 지체 없이 사무소의 간판을 철거해야 한다.

⑤ 신고한 휴업기간이 만료된 후에는 별도의 재개신고 없이 휴업한 중개업을 재개할 수 있다.

핵심체크

🔺 휴업신고

1. 3개월 이하 휴업은 신고도 필요 없고, 부득이한 사유도 필요 없다.
2. 3개월 초과 6개월 이하 휴업은 신고해야 한다. 그러나 부득이한 사유는 없어도 된다.
3. 6개월 초과 휴업은 신고도 해야 하고, 부득이한 사유도 있어야 한다.

🔺 간판철거

1. 사무소 이전, 폐업신고, 등록취소처분 ⇨ 지체 없이 간판을 철거해야 한다.
2. 휴업신고와 업무정지처분은 간판철거×

09　중개계약과 부동산거래정보망

29　공인중개사법령상 중개계약에 관한 설명으로 옳은 것은?

① 중개의뢰인은 개업공인중개사에게 일반중개계약서의 작성을 요청할 수 있다. 다만, 거래예정가격에 대한 중개보수는 일반중개계약서의 필수적 기재사항이 아니다.

② '희망물건'은 권리취득용 일반중개계약서 표준서식의 필수적 기재사항이 아니다.

③ 국토교통부장관이 일반중개계약의 표준이 되는 서식을 정하고 있으므로, 개업공인중개사는 그 서식을 반드시 사용해야 한다.

④ 개업공인중개사가 국토교통부령이 정하는 계약서에 의하지 않고 전속중개계약을 체결한 경우, 개설등록을 취소할 수 있다.

⑤ 일반중개계약서 표준서식에는 개업공인중개사가 중개대상물의 확인·설명의무를 이행하는 데 중개의뢰인이 협조해야 함을 명시하고 있다.

핵심체크

🔺 일반(전속)중개계약서 표준서식 기재사항

1. **희망물건, 희망가격, 희망지역, 희망조건** 등이 **권리취득용** 일반(전속)중개계약서 표준서식의 기재사항이다.
2. 유효기간, 중개보수, 손해배상책임은 권리이전용과 권리취득용에 공통된 기재사항이다.

🔺 업무정지

예 업무정지사유는 업무의 정지를 명할 수 있다.(○)
예 업무정지사유인데 등록을 취소할 수 있다.(×)

🔺 임의적 등록취소

예 임의적 등록취소사유는 등록을 취소할 수 있다.(○)
예 임의적 등록취소사유는 업무의 정지를 명할 수 있다.(○)

🔺 개업공인중개사의 확인·설명의무와 중개의뢰인의 확인·설명시 협조의무는 일반중개계약과 전속중개계약에 공통된 의무이다.

30 공인중개사법령상 전속중개계약에 관한 설명으로 옳은 것은?

① 전속중개계약을 체결한 중개의뢰인이 그 유효기간 내에 다른 개업공인중개사에게 중개를 의뢰하여 거래한 경우, 중개의뢰인은 그가 지급하여야 할 중개보수에 해당하는 금액을 개업공인중개사에게 위약금으로 지급할 의무가 있다.

② 중개의뢰인이 전속중개계약의 유효기간 내에 스스로 발견한 상대방과 직접 거래한 경우, 중개의뢰인은 개업공인중개사에게 중개보수의 50%를 지급할 의무가 있다.

③ 전속중개의뢰를 받은 소속공인중개사가 전속중개계약서를 작성하지 않으면 자격정지사유에 해당한다.

④ 전속중개계약을 체결한 개업공인중개사는 부동산거래정보망에 중개대상물의 정보를 공개할 경우, 권리자의 주소·성명을 공개해야 한다.

⑤ 전속중개계약을 체결한 개업공인중개사는 중개의뢰인에게 1주일에 2회 이상 중개업무처리 상황을 문서로 통지해야 한다.

핵심체크

🔺 중개계약(시작단계)

중개계약(시작 단계)에는 소속공인중개사는 관여×

예 소속공인중개사는 전속중개계약서를 작성하는 것도 아니고, 서명 또는 날인하는 것도 아니다. ⇨ 전속중개계약서에 서명 또는 날인을 하지 않아도 자격정지×

🔺 비공개 시리즈

1. 권리자의 주소·성명 등 인적 사항은 **무조건 비공개**해야 한다.
2. 비공개 요청시에도 **무조건 비공개**해야 한다.
3. 임대차에서 공시지가는 **공개하지 아니할 수 있다.**

31 주택의 매도의뢰인과 전속중개계약을 체결한 개업공인중개사가 공인중개사법령상 공개해야 하는 중개대상물에 관한 정보에 해당하는 것을 모두 고른 것은? (중개의뢰인이 비공개를 요청하지 않은 경우임)

> ㉠ 공법상의 이용제한 및 거래규제에 관한 사항, 토지이용계획
> ㉡ 임차인·저당권자의 주소·성명 등 인적 사항에 관한 정보
> ㉢ 일조(日照)·소음·진동 등 환경조건
> ㉣ 수도·전기·가스·소방·열공급·승강기 설비, 오수·폐수·쓰레기 처리 시설 등의 상태
> ㉤ 시장·학교 등과의 근접성
> ㉥ 공시지가

① ㉠, ㉢   ② ㉡, ㉥   ③ ㉢, ㉣, ㉤
④ ㉢, ㉣, ㉤, ㉥   ⑤ ㉠, ㉢, ㉣, ㉤, ㉥

▌핵심체크

▲ 공개해야 할 정보 vs 확인·설명사항

권.태.기.예.공.조 ⇨ 공개해야 하는 정보○, 확인·설명사항○

취득함에 따라 부담해야 할 조세의 종류 및 세율, **중**개보수 및 실비의 금액과 산출내역, **바닥**면의 상태, **토**지이용계획(**취.중.바닥.토**)은 공개해야 하는 정보×, 확인·설명사항○

32 공인중개사법령상 부동산거래정보망에 관한 설명으로 옳은 것은?

① 부동산거래정보망을 설치·운영할 자로 지정받으려는 자는 신청서류를 국토교통부장관에게 제출하여야 한다.

② 부동산거래정보망을 설치·운영할 자로 지정받으려는 자는 가입·이용신청을 한 공인중개사의 수가 500명 이상이고, 2개 이상의 특별시·광역시·도 및 특별자치도에서 각각 30명 이상의 공인중개사가 가입·이용신청을 해야 한다.

③ 거래정보사업자가 정당한 사유 없이 지정받은 날부터 1년 이내에 부동산거래정보망을 설치·운영하지 아니한 경우에는 그 지정을 취소해야 한다.

④ 거래정보사업자는 개업공인중개사로부터 의뢰받은 중개대상물의 정보뿐만 아니라 의뢰인의 이익을 위해 직접 조사한 중개대상물의 정보도 부동산거래정보망에 공개할 수 있다.

⑤ 거래정보사업자는 해당 중개대상물의 거래가 완성된 때에는 지체 없이 이를 개업공인중개사에게 통보해야 한다.

핵심체크

▲ 입장 차이

1. 부동산거래정보망을 설치·운영할 자로 지정받으려는 자는 신청서류를 국토교통부장관에게 제출하여야 한다. ⇨ **신청자 입장**

2. 국토교통부장관은 부동산거래정보망을 설치·운영할 자를 지정할 수 있다. ⇨ **국토교통부장관 입장**

▲ 숫자 정리

오백 이 삼십 삼십 삼 일 ⇨ 500명 이상 개업공인중개사, 2개 이상 시·도, 각각 **30명** 이상, **30일** 이내에 지정서 교부, **3개월** 이내에 운영규정 제정·승인, **1년** 이내에 설치·운영

10 **금지행위**

33 개업공인중개사의 행위 중 「공인중개사법」 제33조 제1항의 금지행위에 해당하는 것은? (다툼이 있으면 판례에 따름)

① 매도의뢰인을 대리하여 다른 사람과 중개대상물의 매매계약을 체결하는 행위

② 공매 대상 부동산에 대해서 취득의 알선을 하고 법정 중개보수의 한도를 초과하여 보수를 받은 행위

③ 무허가 건축물의 매매를 중개하는 행위

④ 상가의 분양대행을 하면서 주택 외의 중개대상물에 대한 법정 중개보수의 한도를 초과하여 금품을 받은 행위

⑤ 다른 개업공인중개사의 중개로 중개의뢰인과 거래하는 행위

핵심체크

▲ 일방대리 vs 직접거래

1. 개업공인중개사가 매도의뢰인을 대리하여 매수인과 거래하는 것은 **일방대리**로서 허용된다.
2. 개업공인중개사가 매도의뢰인의 대리인과 거래하는 것은 **직접 거래 금지행위**이다.

▲ 초과보수 금지행위

1. 상가의 분양대행은 중개업이 아니니까 초과보수 금지행위×
2. 위임 및 도급은 중개업이 아니니까 초과보수 금지행위×
3. 금전채권은 중개대상물이 아니니까 초과보수 금지행위×
4. 공매대상 부동산을 알선은 중개보수 제한 규정이 적용되니까 초과보수 금지행위○

34 「공인중개사법」상 개업공인중개사 등의 금지행위에 해당하지 <u>않는</u> 것은? (다툼이 있으면 판례에 따름)

① 개업공인중개사가 아파트 분양권의 매매를 업으로 하는 행위

② 개업공인중개사가 임차인이 남편이라는 사실을 집주인에게 알리지 않고 남편 명의로 중개의뢰인과 전세계약을 체결한 행위

③ 개업공인중개사가 부당한 이익을 얻을 목적으로 거짓으로 거래가 완료된 것처럼 꾸미는 행위

④ 개업공인중개사가 중개의뢰인인 소유자로부터 거래에 관한 대리권을 수여받은 대리인과 직접 거래한 행위

⑤ 개업공인중개사가 상가 분양계약서의 매매를 중개하는 행위

｜ 핵심체크

⌂ 대상물 비교

1. **중개대상물**은 매매를 중개하는 것은 금지행위가 아니고, 매매를 업으로 하면 1년 − 1천의 금지행위이다.

2. **금지 증서**는 매매를 중개하든지, 매매를 업으로 하든지 모두 3년 − 3천의 금지행위이다.

3. **상가 분양계약서, 자동차, 건축자재** 등은 금지 증서도 아니고, 중개대상물도 아니다. 따라서 매매를 중개하든지 매매를 업으로 하든지 모두 금지행위가 아니다.

35 「공인중개사법」상 누구든지 개업공인중개사 등의 업무를 방해해서는 아니 되는 행위가 <u>아닌</u> 것은?

① 안내문, 온라인 커뮤니티 등을 이용하여 특정 개업공인중개사 등에 대한 중개의뢰를 제한하거나 제한을 유도하는 행위

② 안내문, 온라인 커뮤니티 등을 이용하여 중개대상물에 대하여 시세보다 현저하게 높게 표시·광고 또는 중개하는 특정 개업공인중개사 등에게만 중개의뢰를 하도록 유도함으로써 다른 개업공인중개사 등을 부당하게 차별하는 행위

③ 개업공인중개사 등에게 중개대상물을 시세보다 현저하게 높게 표시·광고하도록 강요하거나 대가를 약속하고 시세보다 현저하게 높게 표시·광고하도록 유도하는 행위

④ 개업공인중개사 등의 중개대상물에 대한 정당한 표시·광고 행위를 방해하는 행위

⑤ 단체를 구성하여 특정 중개대상물에 대하여 중개를 제한하거나 단체 구성원 이외의 자와 공동중개를 제한하는 행위

▌핵심체크

▲ 법 제33조의 금지행위의 체계도

1. **법 제33조 제1항의 금지행위 : 명.초.판.매**(임.등.취 + 1년 − 1천)
   증.거.조.작.단(임.등.취 + 3년 − 3천)
   ⇨ 중개보조원까지 적용○, 누구든지 적용×

2. **법 제33조 제2항의 금지행위 : 제유해**(3년 − 3천) ⇨ 누구든지 적용○

3. **포상금 지급대상 : 조작단과 제유해**

11 확인 · 설명과 거래계약서의 작성

36 개업공인중개사가 중개를 의뢰받아 공인중개사법령상 중개대상물의 확인 · 설명을 하는 경우에 관한 설명으로 옳은 것은?

① 개업공인중개사는 중개가 완성되어 거래계약서를 작성하는 때에는 확인 · 설명 사항을 확인하여 이를 해당 중개대상물에 관한 권리를 취득하고자 하는 중개의뢰인에게 설명해야 한다.

② 소유권 · 전세권 · 저당권 · 임차권 · 유치권 등 중개대상물의 권리관계에 관한 사항은 개업공인중개사가 확인 · 설명해야 힐 사항이다.

③ 개업공인중개사가 성실 · 정확하게 중개대상물의 확인 · 설명을 하지 아니하면 업무정지사유에 해당한다.

④ 개업공인중개사는 거래계약서를 작성하는 때에는 중개대상물 확인 · 설명서를 작성하여 거래당사자에게 교부하고, 3년 동안 중개대상물 확인 · 설명서 사본으로만 보존하여야 한다.

⑤ 소속공인중개사가 중개하여 작성한 중개대상물 확인 · 설명서에 개업공인중개사가 서명 및 날인한 경우, 소속공인중개사는 서명 및 날인하지 않아도 된다.

핵심체크

⚓ 확인 · 설명사항 ≠ 확인 · 설명서 기재사항

유치권은 확인 · 설명사항에 해당한다. 그러나 유치권을 **중개대상물 확인 · 설명서에 기재할 때는 권리관계가 아니라 실제 권리관계에 기재한다.**

⚓ 확인 · 설명을 해야 하는 의무 ≠ 확인 · 설명을 똑바로 해야 하는 의무

1. 개업공인중개사가 성실 · 정확하게 중개대상물의 확인 · 설명을 하지 아니하면 500만원 이하의 과태료를 부과한다.
2. 소속공인중개사가 성실 · 정확하게 중개대상물의 확인 · 실명을 하지 이니하면 자격정지사유에 해당한다. 그러나 **소속공인중개사가 아예 확인 · 설명을 하지 않았다면 제재를 받지 않는다.**

37 공인중개사법령상 개업공인중개사의 중개대상물 확인·설명에 관한 설명으로 옳은 것은?

① 개업공인중개사는 주택의 매매계약을 체결하려는 중개의뢰인에게 확정일자 부여기관에 정보제공을 요청할 수 있다는 사항과 임대인이 납부하지 아니한 국세 및 지방세의 열람을 신청할 수 있다는 사항을 설명해야 한다.

② 개업공인중개사는 중개대상물의 상태에 관한 자료요구에 매도의뢰인이 불응한 경우, 그 사실을 매수의뢰인에게 설명하였다면 중개대상물 확인·설명서에 기재하지 않아도 된다.

③ 중개대상물 확인·설명서에는 개업공인중개사가 서명 또는 날인하되, 해당 중개행위를 한 소속공인중개사가 있는 경우에는 소속공인중개사가 함께 서명 또는 날인해야 한다.

④ 중개가 완성된 후 개업공인중개사가 중개대상물 확인·설명서를 작성하여 교부하지 아니한 경우 업무정지사유에 해당한다.

⑤ 중개가 완성된 후 소속공인중개사가 중개대상물 확인·설명서를 작성하여 교부하지 아니한 경우 자격정지사유에 해당한다.

핵심체크

▲ **주택의 임대차계약**(주택 매매계약×, 상가 임대차계약×)을 체결하려는 중개의뢰인에게 확정일자 부여기관에 정보제공을 요청할 수 있다는 사항과 임대인이 납부하지 아니한 국세 및 지방세의 열람을 신청할 수 있다는 사항을 설명해야 한다.

▲ 서명 및 날인 ≠ 작성·교부·보존

1. 소속공인중개사가 중개대상물 확인·설명서(거래계약서)를 **작성·교부·보존하지 아니한 것은 제재를 받지 않는다.**

2. 소속공인중개사가 해당 중개행위를 한 후 중개대상물 확인·설명서(거래계약서)에 **서명 및 날인을 하지 않으면** 자격정지사유에 해당한다.

▲ 서명 및 날인을 해야 하는 중개대상물 확인·설명서는 **거래당사자에게 교부하는 중개대상물 확인·설명서를 의미**하고, 보존하는 중개대상물 확인·설명서는 포함되지 않는다.

38 공인중개사법령상 거래계약서의 작성에 관한 설명으로 옳은 것은?

① 분사무소에서 중개행위를 한 소속공인중개사는 거래계약서를 작성할 수 있고, 이 경우 서명 및 날인은 소속공인중개사만 하면 된다.

② 개업공인중개사의 중개로 거래계약이 체결된 때에 거래당사자의 요청이 있는 경우 거래당사자의 성명을 기재하지 않아도 된다.

③ 거래계약서에는 '중개대상물 확인·설명서의 교부일자'를 반드시 기재하지 않아도 된다.

④ 개업공인중개사가 거래계약서에 거래내용을 거짓으로 기재한 경우 등록관청은 중개사무소의 개설등록을 취소할 수 있다.

⑤ 거래계약서의 표준서식은 「공인중개사법 시행규칙」에서 정하고 있다.

핵심체크

▲ 거래계약서 필수적 기재사항

'인.권.서.약'은 거래계약서 필수적 기재사항에 해당하지만, 부동산거래신고사항은 아니다.
그러나 **확인·설명서 기재사항(예 공법상 이용제한 및 거래규제, 상태 등)**은 거래계약서 필수적 기재사항도 아니고, 부동산거래신고사항도 아니다.

▲ 개업공인중개사의 중개로 거래계약이 체결된 경우 거래계약서의 작성은 거래당사자와 상관없는 개업공인중개사의 의무이다.

▲ 표준 서식

일반중개계약서	전속중개계약시	중개대상물 확인·설명서	거래계약서
표준서식○	표준서식○	표준서식○	표준서식×
사용의무×	사용의무○	사용의무○	사용의무×

12 손해배상과 반환채무이행의 보장

39 공인중개사법령상 개업공인중개사의 손해배상책임 등에 관한 설명으로 옳은 것은?

① 중개의뢰인에 대한 손해배상책임을 보장하기 위한 업무보증의 설정은 중개사무소등록증을 교부받은 후에 해야 한다.

② 다른 법률의 규정에 따라 중개업을 할 수 있는 자가 부동산중개업을 하는 때에는 1천만원 이상의 업무보증을 설정해야 한다.

③ 개업공인중개사는 중개사고가 발생하면 거래당사자에게 손해배상책임의 보장에 관한 사항을 설명하거나 보증관계증서 사본(전자문서 포함)을 교부해야 한다.

④ 개업공인중개사는 가입한 보증보험의 보증금액을 초과하는 손해에 대해서만 책임을 진다.

⑤ 개업공인중개사가 보증보험금·공제 또는 공탁금으로 손해배상을 한 때에는 15일 이내에 보증보험 또는 공제에 다시 가입하거나 공탁금 중 부족하게 된 금액을 보전해야 한다.

핵심체크

⚠ 업무보증의 설정 시기

등록 후 업무개시 전까지 설정○, 등록신청 전에 설정×, 등록신청과 같이 설정×, 등록증 교부 전까지 설정○, 등록증 교부받은 후에 설정×

⚠ 재설정 비교

1. 보증보험 등 지급 후 보증 관계가 중단되어 재설정 ⇨ 15일 이내(**시보일**)
2. 기간만료로 인한 재설정 ⇨ 만료일까지

40 공인중개사법령상 계약금 등의 반환채무이행의 보장에 관한 설명으로 옳은 것은?

① 계약금 등의 예치는 거래계약이 체결될 때까지로 한다.

② 계약금 등을 예치하는 경우 「우체국예금·보험에 관한 법률」에 관한 법률에 따른 체신관서 명의로 공제사업을 하는 공인중개사협회에 예치할 수 있다.

③ 개업공인중개사는 계약금 등의 반환채무이행 보장을 위해 실비가 소요된 경우 별도의 약정이 없다면 매도인·임대인 등 권리이전의뢰인에게 그 실비를 청구할 수 있다.

④ 개업공인중개사가 자기 명의로 예치한 경우 예치된 계약금 등을 자기 소유의 예치금과 분리하여 관리하지 아니한 경우 100만원 이하의 과태료를 부과한다.

⑤ 개업공인중개사가 자기 명의로 예치한 경우 거래당사자에게 계약금 등을 지급할 것을 보장하기 위하여 예치한 금액과 관계없이 2억원의 보증보험, 공제에 가입하거나 공탁을 하여야 한다.

핵심체크

△ 개업공인중개사의 명의로 예치한 경우

1. **분리 관리** : 자기 소유 예치금과 분리하여 관리해야 한다.
2. **인출 제한** : 거래당사자의 동의 없이 인출할 수 없다.
3. **별도의 보증을 설정** : 예치한 금액만큼 별도로 보증을 설정해야 한다.
4. 거래당사자와 필요한 사항을 약정해야 한다.
   ⇨ 1. ~ 4.는 개업공인중개사의 의무이다. ⇨ 위반시 업무정지사유(의무有, 제재 규정無)
5. 계약금 등의 반환채무이행 보장에 드는 비용을 권리취득의뢰인(매수인, 임차인, 전세권자)에게 청구할 수 있다.

13 중개보수

41 공인중개사법령상 중개보수에 관한 설명으로 옳은 것은?

① 개업공인중개사와 중개의뢰인 간에 중개보수의 지급시기의 약정이 없을 때는 거래계약이 체결된 날로 한다.

② 주택의 중개에 대한 보수는 국토교통부령이 정하는 범위 안에서 시·군의 조례로 정한다.

③ 주택 외의 중개대상물의 소재지와 중개사무소 소재지가 다른 경우 중개사무소 소재지 시·도의 조례에서 정한 기준에 따라 중개보수를 받는다.

④ 개업공인중개사의 고의 또는 과실로 인하여 중개의뢰인 간의 거래행위가 무효·취소 또는 해제된 경우 중개보수청구권은 소멸한다.

⑤ 동일한 중개대상물에 대하여 동일한 당사자 간에 매매와 임대차가 동일 기회에 이루어지는 경우, 임대차계약의 거래금액만을 기준으로 중개보수를 산정한다.

핵심체크

▲ 중개보수의 지급시기

약정이 있으면 약정이 우선한다. 약정이 없으면 거래대금의 지급이 완료된 날이다.

▲ 주택의 중개보수

1. 주택의 중개에 대한 보수는 국토교통부령이 정하는 범위 안에서 시·도의 조례로 정한다.(○)

2. **주택**의 중개에 대한 보수는 중개의뢰인 쌍방으로부터 각각 받되, 그 일방으로부터 받을 수 있는 한도는 시행규칙 별**표** 1과 같으며, 그 금액은 시·도의 **조례**가 정하는 요율 한도 이내에서 중개의뢰인과 개업공인중개사가 서로 **협**의로 결정한다.(○)
   ⇨ 주택.표.조.합(협), 주택.표.조.합(협)

42 공인중개사법령상 개업공인중개사의 중개보수에 관한 설명으로 옳은 것은? (다툼이 있으면 판례에 따름)

① 주택인 중개대상물의 소재지와 중개사무소의 소재지가 다른 경우 중개대상물의 소재지를 관할하는 시·도의 조례에서 정한 기준에 따라 중개보수와 실비를 받아야 한다.

② 상가의 임대차에 있어서의 중개보수 산정함에 있어 권리금과 보증금을 합산하여 거래금액으로 한다.

③ 아파트 분양권의 경우 중개보수 산정시 총 분양가에 프리미엄을 더한 금액을 거래금액으로 한다.

④ 중개대상물인 건축물 중 주택의 면적이 2분의 1 미만인 경우에는 주택에 관한 규정을 적용한다.

⑤ 전용면적이 85m² 이하이고, 상·하수도 시설이 갖추어진 전용입식 부엌, 전용수세식 화장실 및 목욕시설을 갖춘 오피스텔의 임대차에 대한 중개보수의 상한 요율은 거래금액의 1천분의 4이다.

핵심체크

🔺 아파트 분양권의 거래금액

아파트 분양권의 경우 기납입금 + 프리미엄이 거래금액이다.
(총 분양가×, 분양대금×, 총 대금○)
'**총 대금**'은 계약금 + 기납부된 중도금 + 프리미엄을 의미하므로 맞는 표현이다.

🔺 주택 외 중개대상물의 중개보수

1. **주거용 오피스텔(전용면적 85m² 이하)** : 매매·교환은 0.5%, 임대차 등은 0.4%
2. **상가** : 매매·교환과 임대차 등 구분 없이 0.9% 이내에서 협의

🔺 최근 판례

중개의뢰인이 아닌 거래당사자가 '중개대상물 확인·설명서'에 기명·날인을 하였더라도, 이는 개업공인중개사로부터 '중개대상물 확인·설명서'를 수령한 사실을 확인하는 의미에 불과할 뿐 '중개보수 등에 관한 사항'란에 기재된 바와 같이 중개보수를 지급하기로 하는 약정에 관한 의사표시라고 단정할 수 없다(2024. 1. 4.).

예 중개의뢰인이 아닌 거래당사자가 '중개대상물 확인·설명서'에 기명·날인을 하였다면 이는 중개보수를 지급하기로 하는 약정에 관한 의사표시라고 단정할 수 있다.(×)

43 개업공인중개사가 Y시 소재 전용면적 65m² 오피스텔에 대하여 동일 당사자 사이의 매매와 임대차를 동일 기회에 중개하는 경우와 Y시 소재 주택에 대하여 동일 당사자 사이의 매매와 임대차를 동일 기회에 중개하는 경우, 일방 당사자로부터 받을 수 있는 중개보수의 최고한도액의 합산액은? (오피스텔은 건축법령상 업무시설로 상·하수도 시설이 갖추어진 전용입식 부엌, 전용수세식 화장실 및 목욕시설을 갖춤)

> 1. 甲(매도인, 임차인), 乙(매수인, 임대인)
> 2. 매매대금: 1억 9천만원
> 3. 임대보증금: 2천만원, 월차임: 20만원
> 4. 임대기간: 1년
> 5. Y시 조례로 정한 주택매매 및 임대차 중개보수의 기준
>   1) 매도금액 5천만원 이상 2억원 미만: 상한요율 0.5%(한도액 80만원)
>   2) 보증금액 5천만원 미만: 상한요율 0.5%(한도액 20만원)

① 80만원 ② 95만원 ③ 160만원
④ 175만원 ⑤ 190만원

█ 핵심체크

🔺 중개보수 계산문제 풀이방법
1. 주택의 경우 **조례대로(시험지에 나와 있는 요율대로)** 계산하면 된다.
2. 주택 외(주거용 오피스텔과 상가)의 경우 시험지에 조례가 있어도 무시하고 **요율을 외워서 계산한다.**

14 　공인중개사협회와 교육

44　공인중개사법령상 공인중개사협회에 관한 설명으로 옳은 것은?

① 협회에 관하여 공인중개사법령에 규정된 것 외에는 「민법」 중 비법인사단에 관한 규정을 적용한다.

② 협회는 회원 600명 이상이 발기인이 되어 정관을 작성하여 창립총회의 의결을 거친 후 국토교통부장관의 인가를 받아 그 주된 사무소의 소재지에서 설립등기를 함으로써 성립한다.

③ 협회는 정관이 정하는 바에 따라 광역시에 지부를 눌 수 있다.

④ 협회가 지회를 설치하고자 하는 때에는 등록관청에 신고해야 한다.

⑤ 협회는 총회의 의결내용을 30일 이내에 국토교통부장관에게 보고해야 한다.

핵심체크

🔺 협회의 설립절차

1. **발기인 – 300명 이상**
2. **창립총회 – 600명 이상**
3. 서울특별시 – **100명 이상**, 광역시·도 및 특별자치도 – **20명 이상(백이십氏)**

🔺 신고 – 시·도지사 – 시장·군수 또는 구청장(ㅅ － ㅅ － ㅅ)

1. 지부 – 시·도 ⇨ 시·도지사에게 신고
2. 지회 – 시·군·구 ⇨ 시장·군수 또는 구청장에게 신고
　　　　　　　 (= 등록관청)

45 공인중개사법령상 공인중개사협회에 관한 설명으로 옳은 것은?

① 협회는 재무건전성기준이 되는 지급여력비율을 100분의 10 이상으로 유지해야 한다.

② 운영위원회의 위원은 국토교통부장관이 위촉한다.

③ 운영위원회의 회의는 재적위원 과반수의 출석으로 개의(開議)하고, 출석위원 과반수의 찬성으로 심의사항을 의결한다.

④ 운영위원회 위원장이 직무를 할 수 없는 경우 위원장이 미리 지명한 위원이 직무를 대행한다.

⑤ 운영위원회는 간사 1명을 위원장이 지명한다. 그러나 서기는 없어도 된다.

│ 핵심체크

⚠ 분수 두 가지의 비교

1. **지급여력비율**은 100분의 100 이상
2. **책임준비금 적립비율**은 공제료 수입액의 100분의 10 이상

⚠ 운영위원회는 협회에 있으니까(**한 식구**) 협회 회장이 위촉하고, 심의위원회는 국토교통부에 있으니까 국토교통부장관이 위촉한다.

46 공인중개사법령상 개업공인중개사 등의 교육에 관한 설명으로 옳은 것은?

① 공인중개사가 중개사무소의 개설등록을 신청하려는 경우, 등록신청일 전 1년 이내에 국토교통부장관이 실시하는 실무교육을 받아야 한다.

② 고용관계 종료 신고 후 1년 이내에 다시 중개보조원으로 고용신고의 대상이 된 자는 시·도지사 또는 등록관청이 실시하는 직무교육을 받지 않아도 된다.

③ 중개사무소의 개설등록을 신청하려는 공인중개사는 12시간 이상 16시간 이하의 실무교육을 받아야 한다.

④ 실무교육을 실시하려는 경우 교육실시기관은 교육일 7일 전까지 교육의 일시·장소·내용 등을 대상자에게 통지해야 한다.

⑤ 실무교육 또는 연수교육을 받은 후 2년이 되기 2주일 전까지 연수교육의 일시·장소·내용 등을 교육대상자에게 통지하여야 한다.

▌핵심체크

🔺 교육에서 통지의 비교

1. 연수교육은 **2명, 2명**이니까 **2년**마다, **2년**마다니까 **2개월** 전까지 통지
2. 예방교육은 국장, 시·도지사, 등록관청(**10글자**)이니까 **10일** 전까지 통지
3. 실무교육과 직무교육은 통지 없다 ~

47 공인중개사법령상 연수교육에 관한 설명으로 옳은 것은?

① 연수교육은 실무교육을 받은 개업공인중개사 및 소속공인중개사가 연수교육의 대상자이다. 그러나 중개보조원은 연수교육의 대상자에 해당하지 않는다.

② 연수교육을 받은 개업공인중개사 및 소속공인중개사는 연수교육을 다시 받지 않아도 된다.

③ 연수교육은 시·도지사 또는 등록관청이 실시권자이다.

④ 정당한 사유 없이 연수교육을 받지 아니한 소속공인중개사는 자격정지처분을 받을 수 있다.

⑤ 연수교육에 대해서는 업무위탁이 인정되지 않는다.

▌핵심체크

▲ 교육 내용의 비교

1. **실무교육의 내용** : **법률지식**, 중개 및 경영 실무, 직업윤리
2. **연수교육의 내용** : **법·제도의 변경**, 중개 및 경영 실무, 직업윤리
3. **직무교육의 내용** : 직업윤리(법률×, 중개 및 경영 실무×)

15 포상금

48 공인중개사법령상 포상금에 관한 설명으로 옳은 것은?

① 포상금은 1건당 50만원으로 한다.

② 포상금의 지급에 소요되는 비용은 1건당 50만원까지 국고에서 보조할 수 있다.

③ 등록관청은 중개보조원에 관한 사항을 명시하여 표시·광고를 한 개업공인중개사를 신고한 자에 대하여 포상금을 지급할 수 있다.

④ 포상금지급신청서를 제출받은 등록관청은 신청서를 접수한 날부터 1개월 이내에 포상금을 지급해야 한다.

⑤ 하나의 사건에 대하여 2건 이상의 신고가 접수된 경우에는 포상금을 균등하게 배분하여 지급한다.

핵심체크

▲ 포상금 시즌 1 vs 포상금 시즌 2

1. **시즌 1** : 포상금지급신청 ⇨ 포상금지급결정, **결정일부터 1개월** 이내 지급
2. **시즌 2** : 포상금지급결정 ⇨ 포상금지급신청, **신청서 접수일부터 2개월** 이내 지급

▲ 시간 차 有無(시즌 1과 시즌 2에서 공통)

1. 2건 이상 신고 또는 고발, 2명 이상이 각각 신고 또는 고발(**시간 차 有**)
   ⇨ 최초의 신고 또는 고발자에게 지급
2. 2명 이상이 공동으로 신고 또는 고발(**시간 차 無**)
   ⇨ 원칙은 균분하여 지급, 배분방법에 합의가 있으면 합의대로 지급

49 공인중개사법령상 甲, 乙, 丙이 받을 수 있는 포상금의 최대금액은?

- 甲은 폐업신고 후 중개업을 한 A에 대해서 등록관청에 신고를 하였다. A는 검사로부터 기소유예처분을 받았다.
- 乙은 거짓으로 중개사무소 개설등록을 한 B에 대해서 수사기관에 고발을 하였다. B는 공소제기된 후 무죄판결을 받았다.
- 甲은 중개사무소등록증을 양도한 C에 대해서 등록관청에 신고를 하였고, 그 뒤에 丙은 등록관청에 C를 신고하였다. C는 공소제기된 후 유죄판결을 받았다.
- 丙은 미등기 전매를 중개하는 등 부동산투기를 조장하는 행위를 한 D에 대해서 등록관청에 신고를 하였다. D는 공소제기된 후 유죄판결을 받았다.
- 甲과 乙은 단체를 구성하여 특정 중개대상물에 대한 중개를 제한한 E에 대해서 공동으로 수사기관에 고발을 하였다. 포상금은 甲이 5분의 2, 乙이 5분의 3을 받기로 하였다. E는 검사로부터 기소유예처분을 받았다.
- 乙은 중개대상물의 가격 등 내용을 사실과 다르게 거짓으로 표시·광고를 한 개업공인중개사 F에 대해서 등록관청에 신고를 하였고, F는 과태료처분을 받았다.
- 丙은 온라인 커뮤니티를 이용하여 특정 개업공인중개사에 대한 중개의뢰를 제한하는 행위를 한 G를 수사기관에 고발을 하였다. G는 검사로부터 무혐의불기소처분을 받았다.
- A, B, C, D, E, F, G에 대해서 행정기관에 발각되기 전에 등록관청 또는 수사기관에 신고 또는 고발을 하였다.

甲: 　　　乙: 　　　丙:

▌핵심체크

▲ 포상금 시즌 1(공인중개사법령)

1. 미등기 전매를 중개하는 등 부동산투기를 조장하는 행위는 포상금 지급대상×
   (시즌 1에서 포상금 지급대상 : **무양 아닌 부양, 조작단과 제유해**)
2. **무혐의처분은 포상급 지급×, 무죄판결은 포상금 지급○**

50 부동산 거래신고 등에 관한 법령상 포상금에 관한 설명으로 옳은 것은?

① 부동산 등의 실제 거래가격을 거짓으로 신고한 자를 신고한 경우에 부과되는 과태료의 100분의 30에 해당하는 금액을 포상금으로 지급한다. 이 경우 지급한도액은 1천만원으로 한다.

② 포상금의 지급에 드는 비용은 지급되는 포상금의 100분의 50 범위 안에서 국고에서 보조할 수 있다.

③ 공무원이 직무와 관련하여 발견한 사실을 신고하거나 고발한 경우 포상금을 지급하지 아니할 수 있다.

④ 하나의 위반행위에 대하여 2명 이상이 공동으로 신고 또는 고발한 경우에는 최초로 신고 또는 고발한 사람에게 포상금을 지급한다.

⑤ 하나의 위반행위에 대하여 2명 이상이 각각 신고 또는 고발한 경우에는 포상금을 균등하게 배분하여 지급한다. 다만, 포상금을 지급받을 사람이 배분방법에 관하여 미리 합의하여 포상금의 지급을 신청한 경우에는 그 합의된 방법에 따라 지급한다.

핵심체크

⚠ 포상금 시즌 2(부동산 거래신고 등에 관한 법령)

1. 시즌 2에서 '**주**택임대차계약의 보증금, 차임 등을 **거짓**으로 신고한 자를 신고한 경우'와 '**부**동산거래신고에서 **거짓**으로 신고한 자를 신고한 경우'는 부과되는 과태료의 **100분의 20**에 해당하는 금액을 포상금으로 지급한다(**1천만원이 한도**).

2. 시즌 2에서 토지거래허가는 포상금이 50만원이다(토지거래허가는 과태료가 없다).

3. 시즌 2에서 국고 보조 없다(시·군·구의 재원으로 충당한다).

4. 시즌 2에서 포상금을 지급하지 않을 수 있는 경우도 있다(**공.명.해**).

16 행정수수료와 신고센터

51 공인중개사법령상 해당 지방자치단체의 조례가 정하는 바에 따라 수수료를 납부하는 것에 해당하는 것은 모두 몇 개인가?

> • 시·도지사가 시행하는 자격시험에 응시하는 자
> • 국토교통부장관이 시행하는 자격시험에 응시하는 자
> • 산업인력공단에서 시행하는 자격시험에 응시하는 자
> • 분사무소 설치신고를 하는 자
> • 중개사무소등록증의 재교부를 신청하는 자
> • 공인중개사 자격시험에 합격하여 공인중개사자격증을 처음으로 교부받은 자

① 1개 　　② 2개 　　③ 3개 　　④ 4개 　　⑤ 5개

핵심체크

△ 수수료 내는 방식

1. 시·도지사가 시험 시행(**원칙**) : 해당 지방자치단체의 조례가 정하는 수수료
2. 국토교통부장관이 시험 시행(**예외**) : 국토교통부장관이 결정·공고하는 수수료 (조례×)
3. **업무위탁** : 위탁받은 자가 위탁한 자의 승인을 얻어 결정·공고하는 수수료(조례×)

52 공인중개사법령상 부동산거래질서교란행위 신고센터(이하 "신고센터")에 관한 설명으로 옳은 것은?

① 국토교통부장관은 신고센터의 업무를 등록관청에 위탁한다.

② 개업공인중개사가 부득이한 사유 없이 6개월 초과 휴업을 한 행위는 부동산거래질서교란행위에 해당한다.

③ 신고센터는 신고사항의 사실관계를 확인한 결과 부동산거래질서교란행위에 해당하는 경우, 시·도지사 및 등록관청 등에 조사 및 조치를 요구하여야 한다.

④ 신고센터는 신고내용이 이미 수사기관에서 수사 중이거나 재판에 계속 중이거나 법원의 판결에 의해 확정된 경우에 국토교통부장관의 승인 없이 신고사항의 처리를 종결할 수 있다.

⑤ 신고센터는 매월 10일까지 직전 달의 신고사항 접수 및 처리 결과 등을 공인중개사협회에 통보하여야 한다.

🔺 핵심체크

🔺 교란행위가 아닌 것

개업공인중개사가 명시 사항을 위반하여 표시·광고를 한 경우, 개업공인중개사가 부당한 표시·광고를 한 경우, 개업공인중개사가 아닌 자로서 중개대상물에 관한 표시·광고를 한 경우, 등록기준에 미달하게 된 경우, 부득이한 사유 없이 6개월 초과 휴업을 한 경우, 전속중개계약 체결 후 중개대상물에 관한 정보를 공개하지 아니하거나 비공개 요청에도 불구하고 공개한 경우, 업무보증을 설정하지 아니하고 업무를 개시한 경우

🔺 신고센터 처리절차

1. 시·도지사 및 등록관청이 처리가 완료된 날부터 **10일** 이내 처리 결과를 신고센터에 통보
2. 신고센터가 매월 **10일**까지 처리 결과를 국토교통부장관에게 제출
3. 신고센터가 처리 결과를 신고인에게 통보(기한 규정 없다)

17　공인중개사에 대한 행정처분

53　공인중개사법령상 중개업무를 수행한 소속공인중개사의 자격정지에 관한 설명으로 옳은 것은?

① 거래계약서에 서명 및 날인을 하지 아니한 경우 자격정지사유에 해당한다.

② 중개대상물 확인·설명서를 교부하지 아니한 경우 자격정지사유에 해당한다.

③ 둘 이상의 중개사무소에 소속된 경우는 시행규칙 별표 3에 따라 자격정지기간이 3개월이다.

④ 시장·군수 또는 구청장은 공인중개사의 자격을 정지할 수 있다.

⑤ 자격정지기간은 2분의 1의 범위 안에서 가중 또는 감경할 수 있고, 가중하는 경우 6개월을 초과할 수 있다.

｜ 핵심체크

▲ 자격정지기간은 별표 3에 따라 6개월 또는 3개월이다.

1. 이중소속, 이중계약서 = 거짓 기재, 금지행위(9금지)는 자격정지 6개월
   (이중, 이중, 금지 ⇨ 6글자니까 6개월)
2. 다른 것은 모두 자격정지 3개월

▲ 등록관청은 자격정지처분을 할 수 없고, 자격정지사유에 해당하는 사실을 안 때에는 지체 없이 시·도지사에게 통보해야 한다.

---

54 공인중개사법령상 공인중개사의 자격취소에 관한 설명으로 옳은 것은?

① 부정한 방법으로 공인중개사의 자격을 취득한 경우 자격취소사유에 해당하며, 3년 이하의 징역 또는 3천만원 이하의 벌금에 처한다.

② 시 · 도지사는 자격증 대여를 이유로 자격을 취소하고자 하는 경우 청문을 실시해야 한다.

③ 시 · 도지사는 자격취소처분을 한 때에는 지체 없이 이를 다른 시 · 도지사에게 통보해야 하고, 5일 이내에 국토교통부장관에게 통보해야 한다.

④ 자격취소처분을 받아 자격증을 반납하고자 하는 자는 그 처분을 받은 날부터 10일 이내에 반납해야 한다.

⑤ 자격이 취소된 자는 중개사무소의 소재시를 관할하는 시 · 도지사에게 그 자격증을 반납해야 한다.

핵심체크

⚓ 부정 시리즈

1. **부정한 방법으로 등록** : 절대적 등록취소사유 + 3년 − 3천
   (등록이 가장 등신된다)
2. **부정한 방법으로 자격** : 자격취소사유만
3. **부정한 방법으로 지정** : 지정취소사유만

55 공인중개사법령상 공인중개사 자격·자격증, 중개사무소등록증에 관한 설명으로 옳은 것은? (다툼이 있으면 판례에 따름)

① 자격취소처분은 공인중개사를 대상으로, 자격정지처분은 소속공인중개사를 대상으로 한다.

② 자격증을 교부한 시·도지사와 공인중개사 사무소의 소재지를 관할하는 시·도지사가 다른 경우, 자격증을 교부한 시·도지사가 자격취소처분에 필요한 절차를 모두 이행한 후 공인중개사 사무소의 소재지를 관할하는 시·도지사에게 통보해야 한다.

③ 공인중개사가 자기 명의로 개설등록을 마친 후 무자격자에게 중개사무소의 경영에 관여하게 하고 이익을 분배하였다면 그 무자격자에게 부동산거래 중개행위를 하도록 한 것이 아니라 하더라도 자격증 대여행위에 해당한다.

④ 개업공인중개사가 중개사무소등록증을 타인에게 대여한 경우 공인중개사 자격취소사유에 해당한다.

⑤ 공인중개사가 공인중개사의 직무와 관련하여 사기죄로 징역형을 선고받은 경우 공인중개사 자격취소사유에 해당하지 아니한다.

▌핵심체크

🔺 공인중개사와 무자격자가 동업을 한 경우

무자격자가 중개업무를 주로 수행한 경우에는 자격증(등록증) 대여에 해당하고, 무자격자가 중개업무를 수행하지 않은 경우에는 자격증(등록증) 대여에 해당하지 않는다.

🔺 자격취소사유

자취는 **부.양.지.역**에서 한다.
(공인중개사 직무 관련) **조폭**이 **사문서 위조**해서 **행사**하면 **사기, 횡령, 배임**이다.
⇨ 징역형○, 금고형○, 집행유예○, 벌금형✕

18 **개업공인중개사에 대한 행정처분**

56 공인중개사법령상 개업공인중개사의 다음 행위 중에서 중개사무소의 개설등록을 반드시 취소해야 하는 것은?

① 다른 사람에게 자기의 성명 또는 상호를 사용하여 중개업무를 하게 한 경우

② 중개사무소의 개설등록을 하지 아니하고 중개업을 영위하는 자임을 알면서 그에게 자기의 명의를 이용하게 하는 행위를 한 경우

③ 거래계약서에 거래내용을 거짓으로 기재한 경우

④ 등록기준에 미달하게 된 경우

⑤ 「공인중개사법」에 의한 손해배상책임을 보장하기 위한 조치를 이행하지 아니하고 업무를 개시한 경우

핵심체크

▲ 절.등.취 vs 임.등.취

1. 개업공인중개사가 **다른 사람에게 자기의 성명 또는 상호를 사용**하여 중개업무를 하게 한 경우는 등록증 양도 또는 대여이므로 절대적 등록취소사유이다.

2. 개업공인중개사가 **무등록 중개업자임을 알면서 그에게 자기의 명의를 이용**하게 하는 행위를 한 경우는 금지행위(**명초판매**)로서 임의적 등록취소사유이다.

▲ 임의적 등록취소사유(이계.보.록.이.아)

이중계약서 = 거짓 기재, 업무**보증**을 설정하지 아니하고 업무를 개시, 등**록**기준에 미달, **이중**사무소와 임시중개시설물, 전속중개계약 체결 후 중개대상물에 관한 정보를 공개하지 **아니**하거나 비공개 요청시에도 공개

57 공인중개사법령상 개업공인중개사에게 업무정지를 명할 수 있는 경우를 모두 고른 것은?

> ㉠ 최근 1년 이내에 「공인중개사법」에 의하여 초과보수 금지행위를 1회 위반한 경우
> ㉡ 최근 1년 이내에 「공인중개사법」에 의하여 2회 업무정지처분을 받고 다시 중개대상물 확인·설명서를 교부하지 않은 경우
> ㉢ 최근 1년 이내에 「공인중개사법」에 의하여 1회 업무정지처분, 1회 과태료처분을 받고 다시 과태료처분에 해당하는 행위를 한 경우
> ㉣ 최근 1년 이내에 「공인중개사법」에 의하여 1회 과태료처분을 받고 다시 과태료처분에 해당하는 행위를 한 경우
> ㉤ 최근 1년 이내에 「공인중개사법」에 의하여 2회 업무정지처분, 1회 과태료처분을 받고 다시 업무정지처분에 해당하는 행위를 한 경우

① ㉠   ② ㉠, ㉢   ③ ㉡, ㉤

④ ㉠, ㉡, ㉢   ⑤ ㉡, ㉣, ㉤

핵심체크

▲ **최근 1년 이내에 「공인중개사법」에 의하여 임의적 등록취소사유를 1회 위반한 경우** ⇨ 임의적 등록취소의 처음 위반이라면 업무의 정지를 명할 수 있다(임의적 등록취소는 업무정지가 가능하니까).

▲ **상습범(최근 1년 이내) 판단기준**
상습범(최근 1년 이내)에서 업무정지가 세 번째면 절대적 등록취소
(마지막 위반은 업무정지)
절대적 등록취소가 안 되면 가운데 위반 횟수를 살펴서 3회면 임의적 등록취소
2회면 업무정지
1회면 마지막 그대로

58 공인중개사법령상 중개사무소의 개설등록을 반드시 취소해야 하는 경우가 <u>아닌</u> 것은?

① 개업공인중개사가 2024년 5월에 업무정지처분을 받고, 동년 9월에 과태료처분을 받고, 동년 12월에 업무정지처분을 받고, 2025년 7월에 업무정지처분에 해당하는 행위를 한 경우

② 개업공인중개사가 다른 개업공인중개사의 소속공인중개사가 된 경우

③ 개업공인중개사가 직접거래 금지행위를 해서 300만원의 벌금형을 선고받아 확정된 경우

④ 개업공인중개사가 횡령죄로 징역형을 선고받아 확정된 경우

⑤ 개업공인중개사가 최근 1년 이내에 「공인중개사법」에 의하여 3회 업무정지처분을 받고 다시 업무정지처분에 해당하는 행위를 한 경우

│ 핵심체크

🔺 마지막 위반을 기준으로 1년이 지난 것은 고려하지 않는다.
2024년 5월에 업무정지처분을 받은 것은 1년이 지났으므로 고려하지 않는다.
그러면 '최근 1년 이내에 1회 과태료처분, 1회 업무정지처분 다시 업무정지처분에 해당하는 행위'니까 업무정지가 2번째니까 절대적 등록취소는 아니고, 가운데가 2회여서 업무정지이다.

🔺 상습범(최근 1년 이내)에서 업무정지가 네 번째라도 절대적 등록취소이다.
그러나 최근 1년 이내에 3회 업무정지처분을 받고 다시 과태료에 해딩하는 위반행위를 한 경우는 임의적 등록취소이다(마지막이 업무정지가 아니니까 절.등.취가 아니고, 가운데가 3회니까 임.등.취).

59 공인중개사법령상 개업공인중개사에 대한 업무정지처분에 관한 설명으로 옳은 것은?

① 등록관청이 업무정지처분을 하고자 하는 경우 청문을 실시해야 한다.

② 등록관청은 법인인 개업공인중개사에 대하여는 법인 또는 분사무소별로 업무의 정지를 명할 수 있다.

③ 위반행위가 둘 이상인 경우에는 가장 무거운 처분기준의 2분의 1의 범위에서 가중한다. 가중하는 경우에는 총 업무정지기간은 6개월을 넘을 수 있다.

④ 업무정지처분을 받은 자는 중개사무소등록증을 반납해야 한다.

⑤ 업무정지처분은 그 사유가 발생한 날부터 1년이 지난 때에는 이를 할 수 없다.

핵심체크

▲ 법인인 개업공인중개사에 대한 업무정지처분

법인 또는 분사무소별로 업무의 정지를 명할 수 있다. ⇨ 분사무소에서 중개사고를 쳤을 때 법인 전체의 업무정지도 가능하고, 사고를 친 분사무소만 업무정지도 가능하다.

▲ 업무정지 위반을 둘 이상 했을 경우

위반행위가 둘 이상인 경우에는 각 업무정지기간을 합산한 기간을 넘지 않는 범위에서 가장 무거운 처분기준의 2분의 1의 범위에서 가중한다. 다만, **가중하는 경우에도 총 업무정지기간은 6개월을 넘을 수 없다.**

예 업무정지 4개월, 업무정지 3개월 ⇨ 4개월을 2분의 1을 가중하면 2개월, 4개월 + 2개월 = 6개월, 6개월을 넘지 않았으므로 6개월 업무정지

예 업무정지 6개월, 업무정지 3개월 ⇨ 6개월을 2분의 1을 가중하면 3개월, 6개월 + 3개월 = 9개월, 9개월은 6개월을 넘었으므로 6개월 업무정지

▲ 업무정지처분의 소멸시효 ⇨ 폐업과 무관

1. 업무정지처분은 그 사유가 발생한 날부터 **3년**이 지난 때에는 이를 할 수 없다.
2. 등록취소처분, 자격취소처분, 자격정지처분은 소멸시효가 없다.

60 공인중개사법령상 개업공인중개사에 대한 업무정지처분에 관한 설명으로 옳은 것은?

① 광역시장은 개업공인중개사에게 업무정지처분을 할 수 있다.

② 업무정지기간을 늘리는 경우, 그 기간은 1년을 한도로 한다.

③ 폐업신고 전에 개업공인중개사에게 한 업무정지처분의 효과는 처분일부터 3년간 다시 개설등록을 한 자에게 승계된다.

④ 개업공인중개사의 소속공인중개사 또는 중개보조원이 등록의 결격사유에 해당하게 된 경우, 등록관청은 업무정지처분을 할 수 있다. 다만, 그 사유가 발생한 날부터 3개월 이내에 해소한 경우에는 그러하지 아니하다.

⑤ 개업공인중개사가 부동산거래정보망에 중개대상물에 관한 정보를 거짓으로 공개한 경우, 별표 4의 업무정지의 기준에 따른 업무정지기간은 6개월이다.

│ 핵심체크

⚙ 업무정지(고장중지)

1. **고용**인에게 등록의 결격사유가 발생한 경우(2개월 이내에 해소 못 함)
2. 인**장** 관련 위반한 경우
3. 부동산거래정보망에 **중**개대상물에 관한 정보를 거짓으로 공개(업무정지기간 6개월) or 거래완성 사실을 통보하지 않은 경우(업무정지기간 3개월) 그러나 거짓으로 표시·광고를 한 경우에는 500만원 이하의 과태료
4. 부칙상의 개업공인중개사가 업무**지역**을 위반한 경우

⚙ 처분을 받은 경우(행정제재처분효과의 승계) ⇨ **폐업과 관련**

폐업신고 전의 개업공인중개사에게 한 업무정지처분·과태료처분의 효과는 **처분일부터 1년간** 다시 개설등록을 한 자(재등록을 한 자)에게 승계된다.

⚙ 처분을 안 받은 경우(행정제재처분효과의 승계) ⇨ **폐업과 관련**

1. 폐업기간이 **1년 초과**한 경우에는 폐업신고 전 사유로 업무정지치분을 할 수 없다.
2. 폐업기간이 **3년 초과**한 경우에는 폐업신고 전 사유로 등록취소처분을 할 수 없다. (등록취소는 이래나 저래나 3년만 채우면 된다)

19 행정제재처분효과의 승계

61 개업공인중개사 甲, 乙, 丙, 丁에 대한 「공인중개사법」 제40조(행정제재처분효과의 승계 등)의 적용에 관한 설명으로 옳은 것을 모두 고른 것은?

> ㉠ 甲이 2024년 7월 5일에 「공인중개사법」에 따른 과태료처분을 받았으나 2025년 2월 6일에 폐업신고를 하였다가 2025년 5월 4일에 다시 중개사무소의 개설등록을 하였다면, 위 과태료처분의 효과는 승계된다.
>
> ㉡ 乙이 2024년 7월 6일에 「공인중개사법」에 따른 업무정지처분을 받았으나 2025년 3월 6일에 폐업신고를 하였다가 2025년 8월 5일에 다시 중개사무소의 개설등록을 하였다면, 위 업무정지처분의 효과는 승계된다.
>
> ㉢ 丙이 2024년 3월 6일에 업무정지처분에 해당하는 행위를 하였으나 2024년 7월 6일에 폐업신고를 하였다가 2025년 8월 5일에 다시 중개사무소의 개설등록을 하였다면, 종전의 위반행위에 대하여 업무정지처분을 할 수 있다.
>
> ㉣ 丁이 2022년 3월 6일에 절대적 등록취소처분에 해당하는 행위를 하였으나 2022년 7월 6일에 폐업신고를 하였다가 2025년 8월 5일에 다시 중개사무소의 개설등록을 하였다면, 종전의 위반행위에 대하여 등록취소처분을 하여야 한다.

① ㉠ 　② ㉠, ㉡ 　③ ㉢, ㉣
④ ㉡, ㉢, ㉣ 　⑤ ㉠, ㉡, ㉢, ㉣

❚ 핵심체크

🔺 사례 문제 해결방법

1. **처분을 받았다면 '처분일부터 재등록일'까지 기간을 계산한다.**
   1년 이하면 승계○, 1년 초과면 승계×
2. **처분을 안 받았으면 '폐업기간'을 계산한다.**
   1년 이하면 업무정지○, 1년 초과면 업무정지×
   3년 이하면 등록취소○, 3년 초과면 등록취소×

62 공인중개사법령상 개업공인중개사인 甲에 대한 처분으로 옳음(○), 틀림(×)의 표기가 옳은 것은? (주어진 사례의 조건만 고려함)

> ㉠ 甲이 중개사무소등록증을 대여한 날부터 1개월 후 폐업신고를 하였고, 4년의 폐업기간이 지난 후 다시 개설등록을 하고 업무 개시를 한 경우, 위 대여행위를 이유로 등록취소처분을 할 수 없다.
>
> ㉡ 甲이 업무정지사유에 해당하는 거짓 보고를 한 날부터 1개월 후 폐업신고를 하였고, 2년의 폐업기간이 지난 후 다시 개설등록을 한 경우, 위 거짓 보고를 한 행위를 이유로 업무정지처분을 할 수 없다.
>
> ㉢ 甲이 중개사무소등록증을 대여한 날부터 3년이 지난 경우 甲에게 위 대여행위를 이유로 등록취소처분을 할 수 없다.
>
> ㉣ 甲이 업무정지사유에 해당하는 거짓 보고를 한 날부터 3년이 지난 경우, 거짓 보고를 이유로 업무정지처분을 할 수 없다.

① ㉠-(○), ㉡-(○), ㉢-(×), ㉣-(○)
② ㉠-(○), ㉡-(○), ㉢-(×), ㉣-(×)
③ ㉠-(×), ㉡-(×), ㉢-(×), ㉣-(×)
④ ㉠-(×), ㉡-(○), ㉢-(×), ㉣-(○)
⑤ ㉠-(×), ㉡-(×), ㉢-(×), ㉣-(○)

│ 핵심체크

▲ 업무정지처분의 소멸시효(폐업과 무관)

1. 업무정지사유에 해당하는 사유가 발생한 날부터 3년이 지난 때에는 이를 할 수 없다. (○) ⇨ 소멸시효 있다.

2. 등록취소사유에 해당하는 사유가 발생한 날부터 3년이 지난 때에는 이를 할 수 없다. (×) ⇨ 소멸시효 없다.

20 벌 칙

63 공인중개사법령상 1년 이하의 징역 또는 1천만원 이하의 벌금에 처해지는 경우가 <u>아닌</u> 것은?

① 공인중개사자격증을 대여를 알선한 경우

② 개업공인중개사가 아닌 자가 "공인중개사사무소"라는 명칭을 사용한 경우

③ 부당한 이익을 얻을 목적으로 거짓으로 거래가 완료된 것처럼 꾸미는 등 시세에 영향을 주는 행위를 한 경우

④ 개업공인중개사가 다른 사람에게 자기의 상호를 사용하여 중개업무를 하게 한 경우

⑤ 거래정보사업자가 개업공인중개사에 따라 정보가 차별적으로 공개되도록 한 경우

┃ 핵심체크

▲ '이' '2' ⇨ 1년 − 1천

1. **아닌(2글자)** ⇨ 1년 − 1천
2. **알선(2글자)** ⇨ 1년 − 1천
3. **의 의 차** ⇨ 1년 − 1천
4. **명초판매** ⇨ 1년 − 1천

64 공인중개사법령상 벌칙에 관한 설명으로 옳은 것은?

① 무등록 중개업자에게 토지매매의 중개를 의뢰한 거래당사자는 무등록 중개업자와 공동정범으로 처벌된다.

②「공인중개사법」에 의한 과태료의 부과기준은 국토교통부령으로 정한다.

③ 과태료 부과권자는 개별기준에 따른 과태료 금액의 2분의 1 범위에서 그 금액을 줄일 수 있다. 다만, 과태료를 체납하고 있는 위반행위자의 경우에는 그렇지 않다.

④ 공인중개사법령상 중개의뢰인이 행정형벌을 받는 경우는 없다.

⑤ 정보통신서비스 제공자가 국토교통부장관의 인터넷 표시·광고 모니터링 관련 자료의 제출 요구를 정당한 사유 없이 불이행한 경우 100만원 이하의 과태료를 부과한다.

핵심체크

🔺 '기준'은 대통령령으로 정한다. 그러나 정지부과기준은 국토교통부령으로 정한다.
  정국이가 과내 ⇨ 정지부과기순은 **국토교통부령**, 과태료부과기준은 대통령령

🔺 제유해(3년 − 3천) ⇨ 누구든지 적용○, 중개의뢰인에게도 적용○

65 공인중개사법령상 100만원 이하의 과태료부과대상자에 해당하지 <u>않는</u> 자는?

① 중개사무소등록증 원본을 게시하지 아니한 개업공인중개사

② 중개사무소를 이전한 날부터 10일 이내에 이전신고를 하지 아니한 개업공인중개사

③ 변경신고를 하지 아니하고 신고한 휴업기간을 변경한 개업공인중개사

④ 중개가 완성된 때에 보증관계증서 사본(전자문서 포함)을 교부하지 않은 개업공인중개사

⑤ 인원 수 제한을 위반하여 중개보조원을 고용한 개업공인중개사

█ 핵심체크

▲ 100만원 이하의 과태료

게.명.신고.증 반납, 과 − 과

▲ 중개보조원의 인원 수 제한

고용할 수 있는 중개보조원의 수는 개업공인중개사와 소속공인중개사의 합한 수의 5배를 초과할 수 없다. ⇨ 위반시 절대적 등록취소사유 ＋ 1년 − 1천

66 공인중개사법령상 과태료 부과사유와 과태료 부과권자의 연결이 <u>틀린</u> 것은?

① 등록취소처분을 받은 후 중개사무소등록증을 반납하지 않은 자 – 등록관청
② 정당한 사유 없이 연수교육을 받지 않은 개업공인중개사 – 등록관청
③ 사무소 명칭에 "공인중개사사무소"라는 문자를 사용한 부칙상의 개업공인중개사 – 등록관청
④ 자격취소처분을 받은 후 자격증을 반납하지 않은 자 – 시·도지사
⑤ 국토교통부장관의 공제사업 개선명령을 이행하지 않은 자 – 국토교통부장관

▌핵심체크

⋀ 과태료 부과권자

1. **시·도지사가 과태료를 부과하는 경우**는 '정당한 사유 없이 연수교육을 받지 않은 경우'와 '자격취소처분을 받은 후 자격증을 반납하지 않은 경우'이다. 이 두 가지를 제외하고 개업공인중개사에 대한 과태료는 등록관청이 부과한다.
2. **협회, 거래정보사업자, 정보통신서비스 제공자 ⇨ 국토교통부장관**이 과태료 부과

67 공인중개사법령상 제재가 적용된 사례로 **틀린** 것은?

① 甲이 중개사무소의 개설등록을 하지 않고 중개업을 해서 1천만원의 벌금형을 선고받았다.

② 乙이 거짓 그 밖의 부정한 방법으로 중개사무소의 개설등록을 해서 1년의 징역형을 선고받았다.

③ 공인중개사가 아닌 丙이 "공인중개사" 명칭을 사용해서 100만원의 벌금형을 선고받았다.

④ 소속공인중개사 丁이 거래당사자 쌍방을 대리해서 6개월의 자격정지처분을 받았다.

⑤ 개업공인중개사 戊가 옥외광고물에 성명을 표기하지 않아서 150만원의 과태료처분을 받았다.

핵심체크

옥외광고물에 성명을 표기하지 않거나 거짓으로 표기한 경우 100만원 이하의 과태료를 부과한다. 100만원이 상한선이다. ⇨ **사례 문제에서는 상한선 이내면 맞는 것이고, 상한선을 넘으면 틀린 것이다.**

부동산 거래신고 등에 관한 법령

01   부동산거래신고

68   부동산 거래신고 등에 관한 법령상 부동산 거래신고의 대상이 되는 계약은 모두 몇 개인가?

> ㉠ 「산업입지 및 개발에 관한 법률」에 따른 부동산에 대한 공급계약
> ㉡ 「택지개발촉진법」에 따른 부동산에 대한 공급계약
> ㉢ 「주택법」에 따른 부동산에 대한 공급계약을 통하여 공급된 부동산의 임대차계약
> ㉣ 「건축물의 분양에 관한 법률」에 따른 부동산에 대한 공급계약을 통하여 부동산을 공급받는 자로 선정된 지위의 매매계약
> ㉤ 「빈집 및 소규모주택 정비에 관한 특례법」 제29조에 따른 사업시행계획인가로 취득한 입주자로 선정된 지위의 매매계약
> ㉥ 「빈집 및 소규모주택 정비에 관한 특례법」에 따른 부동산에 대한 공급계약을 통하여 부동산을 공급받는 자로 선정된 지위의 매매계약
> ㉦ 「빈집 및 소규모주택 정비에 관한 특례법」에 따른 부동산에 대한 공급계약
> ㉧ 「빈집 및 소규모주택 정비에 관한 특례법」에 따른 부동산에 대한 공급계약을 통하여 부동산을 공급받는 자로 선정된 지위의 증여계약

① 3개   ② 4개   ③ 5개   ④ 6개   ⑤ 7개

핵심체크

▲ 부동산거래신고대상에서 문제 해결방법

(1.에서 3. 순서로 문제 해결)

1. 매매계약이나 공급계약이 아니면 안 된다(증여×, 임대차×).
   8가지 법(주택을 정비해서 분양하는 건 택.도.업.공)을 외운다.
2. 공급 ⇨ 8가지 법이 다 된다.
3. 입주 ⇨ 정비법 두 가지만 된다.

69 부동산 거래신고에 관한 법령상 부동산 거래신고에 관한 설명으로 옳은 것은?

① 개업공인중개사가 「공인중개사법」에 따라 거래계약서를 작성·교부한 경우에는 해당 개업공인중개사가 부동산거래신고를 하여야 한다. 이 경우 공동으로 중개를 한 경우에는 해당 개업공인중개사들 중 1명이 부동산거래신고를 하면 된다.

② 부동산거래신고를 해야 하는 개업공인중개사의 위임을 받은 소속공인중개사는 부동산거래계약 신고서의 제출(전자문서에 의한 신고는 포함한다)을 대행할 수 있다.

③ 「부동산등기 특별조치법」에 따른 검인을 받은 때에는 부동산거래신고필증을 발급받은 것으로 본다.

④ 개업공인중개사가 부동산거래신고를 하는 경우 중개사무소 소재지를 관할하는 등록관청에게 하여야 한다.

⑤ 신고관청은 신고내용을 조사한 경우 조사 결과를 시·도지사에게 보고하여야 하며, 시·도지사는 이를 국토교통부장관에게 매월 1회 보고하여야 한다.

핵심체크

▲ 보고와 제출

신고관청은 신고내용의 조사 결과를 시·도지사에게 보고하여야 하며, 시·도지사는 이를 국토교통부장관에게 매월 1회 보고하여야 한다(**줄줄이 보고**). ⇨ 부동산거래신고에서 특별자치시장은 나오지 않는다.
특별자치시장은 외국인 취득특례에서만 나온다(**특 – 특**).

▲ 신고내용의 조사

국토교통부장관은 신고내용의 조사를 직접 또는 신고관청과 공동으로 실시할 수 있다.

70 부동산 거래신고 등에 관한 법령상 부동산거래신고에 관한 설명으로 옳은 것은?

① 거래당사자 일방이 해제 등 신고를 거부한 경우, 단독으로 해제 등 신고를 하려는 자는 단독으로 서명 또는 날인한 해제 등 신고서에 단독신고사유서와 거래계약서 사본을 첨부해야 한다.

② 부동산거래신고를 한 개업공인중개사가 해제 등이 확정된 날부터 30일 이내에 해제 등 신고를 하지 아니한 경우, 500만원 이하의 과태료를 부과한다.

③ 거래가격이 잘못 기재된 경우 정정신청을 할 수 있다.

④ 공동 매수에서 매수인 중 일부가 제외된 경우, 변경신고 대상에 해당하지 않는다.

⑤ 부동산 공급계약, 전매계약(분양권, 입주권)의 경우 거래가격 중 분양가격 및 선택품목은 거래당사자 일방이 단독으로 변경신고를 할 수 있다.

핵심체크

🔺 **정정신청 vs 변경신고**

1. **잘못 기재된 경우에는 정정신청** ⇨ 공무원이 잘못 기재
  부동산 소재지, 거래금액(거래가격), 계약일(日)은 중요한 것이 때문에 정정신청 대상×[소금은 해(日)가 중요하다]. 성명과 생년월일도 중요한 것이 때문에 정정신청 대상×

2. **변경된 경우에는 변경신고** ⇨ 매도인과 매수인이 계약 내용을 바꿈
  매수인(부동산)의 추가와 교체는 변경신고 대상×(변경이 아니라 new),
  그러나 매수인(부동산)의 제외는 변경신고 대상○,
  부동산 소재지는 변경신고 대상×(변경이 아니라 new)

71 부동산 거래신고 등에 관한 법령상 부동산거래신고에 관한 설명으로 옳은 것은?

① 비(非)규제지역 내의 주택이라면 실제 거래가격과 상관없이 자금조달·입주계획서를 제출하지 않는다.

② 「주택법」상 조정대상지역 내의 주택을 매수한 자연인은 실제 거래가격이 6억원 미만일 때에는 자금조달·입주계획서를 제출하지 않는다.

③ 「주택법」상 투기과열지구 내의 주택을 매수한 자연인은 자금조달·입주계획서에 자금조달계획을 증명하는 서류를 첨부하여 제출해야 한다.

④ 국가 등이 주택 매도인이고, 자연인이 주택 매수인인 경우에도 자금조달·입주계획서를 제출하지 않는다.

⑤ 법인 외의 자가 법인 신고서를 제출하는 경우, 법인은 법인 외의 자에게 거래계약 체결일부터 30일 이내에 법인 신고서를 제공해야 한다.

핵심체크

▲ 국가 등 제출 여부

1. 법인 신고서 ➭ 국가 등이 매도인인 경우 제출×
   국가 등이 매수인인 경우 제출×

2. 자금조달·입주계획서 ➭ 국가 등이 매도인인 경우 제출○
   국가 등이 매수인인 경우 제출×

3. 자금조달·토지이용계획서 ➭ 국가 등이 매도인인 경우 제출○
   국가 등이 매수인인 경우 제출×

▲ 법인 신고서(자금조달·입주계획서, 자금조달·토지이용계획서) 제출방법

1. **법인(매수인) 제출 원칙** : 신고서를 제출할 때 법인 신고서(자금조달·입주계획서, 자금조달·토지이용계획서)를 신고관청에 함께 제출해야 한다(계약체결일부터 **30일** 이내).

2. **법인(매수인) 제출 예외** : 법인(매수인)이 분리하여 제출하기를 희망하는 경우 법인(매수인)은 법인 신고서(자금조달·입주계획서, 자금조달·토지이용계획서)를 계약체결일부터 **30일** 이내에 별도로 제출할 수 있다.

3. **법인(매수인) 이외의 자가 제출** : 법인(매수인)이 법인 이외의 자(매수인 이외의 자)에게 계약체결일부터 **25일** 이내에 법인 신고서(자금조달·입주계획서, 자금조달·토지이용계획서)를 제공해야 하며, 이 기간 내에 제공하지 않으면 법인(매수인)이 별도로 제출해야 한다.

72 甲이 토지를 매수하는 계약을 체결하였을 때, 부동산 거래신고 등에 관한 법령에 따라 자금조달계획 및 토지이용계획을 신고해야 하는 경우를 모두 고른 것은? (甲, 乙, 丙, 丁은 자연인이고, 戊는 「지방공기업법」상 지방공단이고, 해당 토지는 토지거래허가구역은 아님)

> ㉠ 甲이 수도권 등에 소재하는 乙소유 토지(지분으로 매수하는 경우는 제외한다)를 실제 거래가격 7천만원으로 매수하는 경우
> ㉡ 甲이 수도권 등에 소재하는 토지에 대한 丙의 지분을 실제 거래가격 7천만원으로 매수하는 경우
> ㉢ 甲이 수도권 등 외의 지역에 소재하는 丁소유 토지(지분으로 매수하는 경우는 제외한다)를 실제 거래가격 10억원으로 매수하는 경우
> ㉣ 甲이 수도권 등 외의 지역에 소재하는 토지에 대한 戊의 지분을 실제 거래가격 10억원으로 매수하는 경우

① ㉠ 　　② ㉠, ㉣ 　　③ ㉡, ㉢
④ ㉡, ㉢, ㉣ 　　⑤ ㉠, ㉡, ㉢, ㉣

▌핵심체크

⚠ 자금조달·토지이용계획서를 제출하는 경우

1. 수도권 등에서 토지 자체를 매수하는 경우 1억원 이상일 때 자금조달·토지이용계획서를 제출
2. 수도권 등에서 토지 지분을 매수하는 경우 금액 상관없이 자금조달·토지이용계획서를 제출
3. 수도권 등 외의 지역에서는 토지 자체 매수든 토지 지분 매수든 모두 6억원 이상일 때 자금조달·토지이용계획서를 제출

73 부동산 거래신고 등에 관한 법령상 부동산거래신고에 관한 설명으로 옳은 것은?

① 부당하게 재물이나 재산상 이득을 취득하거나 제3자로 하여금 이를 취득하게 할 목적으로 신고대상인 계약을 체결하지 아니하였음에도 불구하고 거짓으로 신고를 한 자에게는 3천만원 이하의 과태료를 부과한다.

② 신고대상인 계약을 체결한 후 신고의무자가 아닌 자로서 거짓으로 부동산 거래신고를 한 자에게는 해당 부동산 등의 취득가액의 100분의 5 이하에 상당하는 금액의 과태료를 부과한다.

③ 신고대상인 계약을 체결하지 아니하였음에도 불구하고 거짓으로 신고를 한 경우 과태료부과 기준금액의 2분의 1의 범위에서 그 금액을 늘리거나 줄일 수 있다. 다만, 늘리는 경우에도 과태료의 총액은 법에서 정한 과태료의 상한을 초과할 수 없다.

④ 신고대상인 계약을 체결하지 아니하였음에도 불구하고 거짓으로 신고를 한 자로서 자진 신고한 자에 대하여 부과되는 과태료를 감경 또는 면제할 수 있다.

⑤ 개업공인중개사에게 과태료를 부과한 신고관청은 부과일부터 10일 이내에 해당 개업공인중개사의 중개사무소(법인의 경우에는 주된 중개사무소를 말한다)를 관할하는 시장·군수 또는 구청장에 과태료 부과 사실을 통보하여야 한다.

핵심체크

▲ '자진신고'라는 말이 보이면

1. 조사 전에 자진신고 ⇨ 과태료 면제
2. 조사 후에 자진신고 ⇨ 50% 감경
3. 외삼촌은 자진신고를 해도 감면 대상×

▲ '자진신고'라는 말이 안 보이면

1. 1/2 범위 안에서 가중 또는 감경이 원칙
2. 3천만원, 취득가액 10/100 이하는 1/5 범위 안에서 가중 또는 감경

74 부동산 거래신고 등에 관한 법령상 부동산거래계약신고서의 작성에 관한 설명으로 옳은 것은?

① 공법상 이용제한 및 거래규제는 부동산거래계약신고서의 기재사항이다.

② 내국인이 부동산 등을 매수하는 경우 국적을 적지 않아도 되지만, 매수용도는 표시해야 한다.

③ 최초 공급계약(분양) 또는 전매계약(분양권, 입주권)의 경우 분양가격을 적고, 발코니 확장 등 선택비용 및 추가 지급액 등은 적지 않는다.

④ 총 실제 거래가격란에는 전체 거래가격(둘 이상의 부동산을 함께 거래하는 경우 각각의 부동산별 거래가격의 합계 금액)을 적는다.

⑤ '거래계약의 체결일'이란 거래당사자가 구체적으로 특정되고, 거래계약의 중요부분에 대하여 거래당사자가 합의한 날을 말한다. 이 경우 합의와 더불어 계약금의 전부 또는 일부를 지급한 경우에는 그 지급일을 거래계약의 체결일로 본다. 또한 합의한 날이 계약금의 전부 또는 일부를 지급한 날보다 앞서는 것이 서면 등을 통해 인정되더라도 그 지급일을 거래계약의 체결일로 본다.

▌핵심체크

🅰 신고서 작성방법

1. 공법상 이용제한 및 거래규제, ~ 상태 등은 확인·설명서 기재사항에 해당한다. 그러나 거래계약서 필수적 기재사항×, 부동산거래신고사항×
2. '물건**별** 거래가격'은 **각각**의 거래가격을 적고, '**총** 실제 거래가격'은 **전체** 거래가격(합계 금액)을 적는다.
3. '거래계약의 체결일'이란 거래당사자가 구체적으로 특정되고, **거래계약의 중요부분에 대하여 거래당사자가 합의한 날**을 말한다. 이 경우 합의와 더불어 계약금의 전부 또는 일부를 지급한 경우에는 그 지급일을 거래계약의 체결일로 보되, **합의한 날이 계약금의 전부 또는 일부를 지급한 날보다 앞서는 것이 서면 등을 통해 인정되는 경우에는 합의한 날을 거래계약의 체결일로 본다.**
4. 매수인이 국내에 주소 또는 거소가 없는 경우 위탁관리인의 인적 사항을 적는다.

02 주택임대차신고

75 부동산 거래신고 등에 관한 법령상 대통령령으로 정하는 지역에서 대통령령으로 정하는 금액을 초과하는 주택임대차계약의 경우 주택임대차계약의 신고를 하여야 한다. 다음 중 주택임대차계약의 신고에 관한 설명으로 옳은 것은?

① "대통령령으로 정하는 금액을 초과하는 임대차계약"이란 보증금이 6천만원을 초과하거나 월 차임이 30만원을 초과하는 주택 임대차 계약(계약을 갱신하는 경우로서 보증금 및 차임의 증감 없이 임대차 기간만 연장하는 계약을 포함한다)을 말한다.

② "대통령령으로 정하는 지역"이란 특별자치시·특별자치도·시·군(광역시의 관할구역에 있는 군으로 한정한다)·구(자치구를 말한다)를 말한다.

③ 계약갱신요구권의 행사 여부는 신규로 임대차계약을 체결한 경우에도 신고사항에 해당한다.

④ 신고사항이 모두 적혀 있고 임대차계약 당사자의 서명이나 날인이 되어 있는 주택임대차 계약서를 신고관청에 제출하면 임대차계약 당사자가 공동으로 임대차 신고서를 제출한 것으로 본다.

⑤ 부동산거래계약시스템을 통해 주택 임대차 계약을 체결한 경우에도 임대차 계약 당사자는 신고서를 제출하여야 한다.

핵심체크

🔺 주택임대차신고

1. 주택임대차신고지역 : 특별자치시·특별자치도·시·군(**광역시 및 경기도의 관할 구역에 있는 군으로 한정한다**)·구(**자치구를 말한다**)를 말한다.
2. 개업공인중개사는 주택임대차신고의무✕
   그러나 **개업공인중개사 관련 사항은 신고사항에 해당**○
3. 주택임대차신고에서는 **읍·면·동장**에게 권한 위임 가능
4. 주택임대차신고에서 해제 등 신고의무○, **변경신고의무**○, 성성신정의무✕
5. **주택임**대차신고를 위반한 경우(신고하지 않은 경우 + 거짓 신고를 한 경우) 100만원 이하의 과태료(**주임백**)

03 　외국인 취득특례

76　개업공인중개사가 외국인에게 부동산 거래신고 등에 관한 법령상 외국인 등의 부동산 등 취득특례를 설명한 내용으로 옳은 것은? (단, 상호주의에 따른 제한은 고려하지 않음)

① 외국법령에 의해 설립된 법인으로서 사원 또는 구성원의 3분의 1이 대한민국 국적을 보유하지 않은 법인은 외국인에 해당한다.

② 외국인이 대한민국 안의 부동산 등을 취득하는 계약(부동산거래신고대상이 되는 계약은 제외한다)을 체결하였을 때에는 계약체결일부터 6개월 이내에 취득신고를 해야 한다.

③ 외국인이 건축물의 신축·증축·개축·재축 등의 원인으로 대한민국 안의 부동산 등을 취득한 경우 그 취득한 날부터 60일 이내에 취득신고를 해야 한다.

④ 부동산거래신고대상인 계약을 체결하고 부동산거래의 신고를 한 경우에도 거래계약 체결일부터 60일 이내에 외국인 등의 부동산 등 취득특례에 따른 취득신고를 해야 한다.

⑤ 대한민국 안의 부동산 등을 가지고 있는 대한민국 국민이 외국인으로 변경된 경우 그 외국인이 해당 부동산 등을 계속 보유하려는 경우에는 외국인으로 변경된 날부터 6개월 이내에 국토교통부장관에게 신고를 해야 한다.

█ 핵심체크

🔺 외국인이 부동산취득계약을 체결한 경우

1. **매매계약, 공급계약** : 30일 이내에 부동산거래신고
   (부동산거래신고대상인 계약)
2. **교환계약, 증여계약** : 60일 이내에 외국인 취득신고
   (부동산거래신고대상인 계약을 제외한 계약)

🔺 외국인 취득신고

1. 계약(교환, 증여)은 계약체결일부터 60일 이내 신고(**M60 300만원**)
2. 계약 **외**는 취득한 날부터 6개월 이내 신고(**6월 외 백**)
3. **외**국인으로 변경되면 변경된 날부터 6개월 이내 신고(**6월 외 백**)

77 개업공인중개사가 대한민국 내의 부동산 등을 취득하고자 하는 외국인에게 설명한 내용으로 옳은 것은? (단, 상호주의에 따른 제한은 고려하지 않음)

① 외국인이 대한민국에 소재하는 건물에 대한 저당권을 취득하는 경우에 부동산 거래신고 등에 관한 법령상 외국인 등의 부동산 등의 취득특례가 적용된다.

② 특별자치시장은 신고내용을 매 분기 종료일부터 1개월 이내에 시·도지사에게 직접 제출해야 한다.

③ 외국인이 경매로 대한민국 안의 부동산 등을 취득한 때에는 부동산 등을 취득한 날부터 6개월 이내에 신고관청에게 취득신고를 해야 한다. 취득신고를 하지 않은 외국인은 벌금형을 받을 수 있다.

④ 「자연환경보전법」상 생태·경관보전지역 내의 토지의 관하여 허기신청을 받은 신고관청은 30일 이내에 허가 또는 불허가 처분을 해야 한다.

⑤ 「자연환경보전법」상 생태·경관보전지역 내의 토지의 관하여 외국인 등의 부동산 등의 취득특례상 취득허가를 받은 경우, 토지거래허가의 규정은 적용되지 않는다.

핵심체크

▲ 외국인 취득특례에서 신고관청은 매 분기 종료일부터 1개월 이내에 시·도지사에게 제출해야 한다. 시·도지사는 제출을 받은 날부터 1개월 이내에 국토교통부장관에게 제출해야 한다(**줄줄이 제출**). 단, 특별자치시장은 매 분기 종료일부터 1개월 이내에 국토교통부장관에게 직접 제출해야 한다(**특 - 특**).

▲ 허가 또는 불허가 처리기간

1. **야생보호** : 15일(연장×)
2. **군** : 30일 + 30일

04 토지거래허가제도

78 부동산 거래신고 등에 관한 법령상 토지거래계약허가구역의 지정 및 해제에 관한 설명으로 옳은 것은?

① 국토교통부장관 또는 시·도지사는 허가대상자(외국인 등을 포함한다), 허가대상 용도와 지목 등을 특정하여 허가구역을 지정할 수 있다.

② 시·도지사는 지정기간이 끝나는 지역을 다시 허가구역으로 지정하려는 경우 미리 시장·군수 또는 구청장의 의견을 들어야 한다. 이 경우 시·도도시계획위원회의 심의는 생략할 수 있다.

③ 허가구역지정 공고내용의 통지를 받은 시장·군수 또는 구청장은 지체 없이 그 사실을 15일 이상 공고하고, 그 공고내용을 7일간 일반이 열람할 수 있도록 하여야 한다.

④ 허가구역의 지정은 허가구역의 지정을 공고한 날부터 그 효력이 발생한다.

⑤ 국토교통부장관은 허가구역의 지정 사유가 없어졌다고 인정되거나 관계 시·도지사, 시장·군수 또는 구청장으로부터 받은 허가구역 지정 해제 요청이 이유가 있다고 인정되면 중앙도시계획위원회의 심의를 생략하고 허가구역의 지정을 해제할 수 있다.

핵심체크

▲ 허가구역으로 지정될 수 있는 지역 : **계획** 짜고, **개발**하여(**행위제한의 완화**) **투기우려** 지역

▲ 허가대상자(외국인 등을 포함한다), 허가대상 용도와 지목 등을 특정하여 허가구역을 지정할 수 있다.

▲ **심의는 반드시 거치고**, 재지정시에만 의견 청취 절차가 추가된다.
1. **처음 지정** : 심의(○), 의견 청취(×)
2. **재지정** : 심의(○), 의견 청취(○)
3. **축소·해제** : 심의(○), 의견 청취(×)

79 부동산 거래신고 등에 관한 법령상 토지거래계약의 허가 등에 관한 설명으로 옳은 것은?

① 토지거래계약의 허가를 받으려는 자는 그 허가신청서에 계약내용과 토지이용계획, 취득자금 조달계획 등을 적어 시장·군수 또는 구청장에게 제출하여야 한다.

② 「민원처리에 관한 법률」에 따른 처리 기간에 허가증의 발급 또는 불허가처분 사유의 통지가 없거나 선매협의 사실의 통지가 없는 경우에는 그 기간이 끝난 날의 다음 날에 토지거래계약의 불허가가 있는 것으로 본다.

③ 토지거래계약의 허가 또는 불허가처분에 이의가 있는 자는 그 처분을 받은 날부터 30일 이내에 시장·군수 또는 구청장에게 이의를 신청할 수 있다.

④ 토지거래계약의 허가신청이 된 토지에 대하여 시장·군수 또는 구청장이 선매자를 지정하는 경우 선매자가 토지를 매수할 때의 가격은 공시지가를 기준으로 하되, 허가신청서에 적힌 가격이 공시지가보다 낮은 경우에는 허가신청서에 적힌 가격으로 할 수 있다.

⑤ 토지거래계약에 관한 허가를 받은 자가 그 토지를 허가받은 목적대로 이용하지 아니한 경우 시장·군수 또는 구청장은 토지거래계약허가의 취소처분을 할 수 있지만, 국토교통부장관과 시·도지사는 토지거래계약허가의 취소처분을 할 수 없다.

핵심체크

🔺 토지거래허가를 받아도 부동산거래신고는 해야 한다. 그러나 **부동산거래신고를 할 때 자금조달·토지이용계획서는 제출하지 않는다.**

🔺 허가 또는 불허가 처리기간 15일, 선매협의를 시작하는 것 15일, 이행명령의 이행기간 3개월, 이행강제금 부과에 이의제기 30일 ⇨ 이렇게 네 가지를 제외하고 '1개월'이다.

🔺 **선매는 감정가격, 매수청구는 공시지가** ⇨ **선감 ~ 매공시 ~**

🔺 허가권자는 시장·군수 또는 구청장
그러나 **허가취소권자는 국토교통부장관, 시·도지사, 시장·군수 또는 구청장**

80 부동산 거래신고 등에 관한 법령상 토지거래계약의 허가 등에 관한 설명으로 옳은 것은?

① 토지거래허가구역이라 하더라도 주거지역 안의 180m² 이하 면적의 토지거래계약은 토지거래허가를 받지 않아도 된다.

② 허가기준 면적을 산정할 때 일단의 토지이용을 위하여 토지거래계약을 체결한 날부터 2년 이내에 일단의 토지 일부에 대하여 토지거래계약을 체결한 경우에는 그 일단의 토지 전체에 대한 거래로 본다.

③ 자기의 거주용 주택용지로 이용하려는 경우 허가목적대로 이용하여야 하는 기간은 토지 취득일부터 3년이다.

④ 토지의 이용의무를 이행하지 아니한 자에 대한 이행명령은 문서로 하여야 하며, 이행기간은 1개월 이내로 정하여야 한다.

⑤ 토지거래계약허가를 받아 토지를 취득한 자가 허가관청의 승인 없이 당초의 이용목적을 변경하여 이용하는 경우 토지 취득가액의 100분의 5에 상당하는 금액의 이행강제금을 부과한다.

핵심체크

▲ 기준면적(10% ~ 300% 범위 내에서 달리 정할 수 있다)
도시지역 : 주미 60, 상공 150, 녹지 200
도시지역 외의 지역 : 기타 250, 농지 500, 임야 1000

▲ 이용의무기간
이용의무기간 - **이년**, 사업시행 - **사년**, 현상보존 - **오년**

▲ 이행강제금
1. 당초의 목적대로 이용하지 아니하고 **방치**한 경우에는 토지 취득가액의 **100분의 10**에 상당하는 금액
2. 직접 이용하지 아니하고 **임대**한 경우에는 토지 취득가액의 **100분의 7**에 상당하는 금액
3. **승인을 얻지 아니하고 당초의 이용목적을 변경하여 이용하는 경우(오용)**에는 토지 취득가액의 **100분의 5**에 상당하는 금액
4. 방치·임대·오용 이외의 경우(**기타 사항**)에는 토지 취득가액의 **100분의 7**에 상당하는 금액

81 부동산 거래신고 등에 관한 법령상 토지거래허가구역 내의 토지에 대하여 허가를 받지 않고 매매계약을 체결하고 계약금이 수수된 경우에 관한 설명으로 옳은 것은? (다툼이 있으면 판례에 따름)

① 매수인은 허가받을 것을 조건으로 소유권이전등기청구권을 행사할 수 있다.

② 허가를 받기 전에 매수인은 부당이득을 이유로 계약금의 반환을 청구할 수 있다.

③ 매수인은 계약금을 포기하고 계약을 해제할 수 없다.

④ 매수인은 매도인의 채무불이행을 이유로 손해배상을 청구할 수 있다.

⑤ 매수인은 매도인의 협력의무 불이행을 이유로 손해배상을 청구할 수 있다.

핵심체크

🔺 채무불이행 vs 협력의무 위반

1. 채무불이행을 이유로 계약해제×, 채무불이행을 이유로 손해배상청구×
2. 협력의무 위반을 이유로 계약해제×, 협력의무 위반을 이유로 손해배상청구○
   일방적 철회(= 협력의무 위반)에 대비하여 손해배상의 예정도 가능

🔺 확정적 무효

불허가처분, 허가를 배제·잠탈할 목적의 계약, 쌍방이 허가신청을 안 하기로 합의

PART
03
중개실무

01 장사 등에 관한 법률 · 농지법

82 개업공인중개사가 「장사 등에 관한 법률」에 대해 중개의뢰인에게 설명한 것으로 옳은 것은?

① 개인묘지는 $20m^2$를 초과해서는 안 된다.

② 법인묘지에는 폭 5m 이상의 도로와 그 도로부터 각 분묘로 통하는 충분한 진출입로를 설치하고, 주차장을 마련하여야 한다.

③ 법인묘지의 면적은 1만m^2 이상이어야 한다.

④ 문중자연장지를 조성하려는 자는 관할 시장 등의 허가를 받아야 한다.

⑤ 설치기간이 끝난 분묘의 연고자는 설치기간이 끝난 날부터 1개월 이내에 해당 분묘에 설치된 시설물을 철거하고 매장된 유골을 화장하거나 봉안해야 한다.

핵심체크

⚓ 분묘기지권의 지료지급시기

1. 시효취득은 토지소유자가 지료를 청구한 날부터 지료지급의무 有
2. 분묘에 대한 이장 · 철거 특약 없이 토지를 양도한 경우는 분묘기지권이 성립한 때부터 지료지급의무 有

⚓ 묘지와 자연장지의 비교

1. 법인묘지, 법인자연장지 ⇨ 사전 허가
2. **가족 · 종중 · 문중묘지 ⇨ 사전 허가, 그러나 가족 · 종중 · 문중자연장지 ⇨ 사전 신고**
3. 개인묘지, 개인자연장지 ⇨ 사후 신고

⚓ 매장과 화장

1. 매장은 사후 신고, 화장은 사전 신고
2. 그냥 매장 ⇨ 지면으로부터 1m 이상 깊이
3. 화장 후 매장 ⇨ 지면으로부터 30cm 이상 깊이

⚓ 분묘의 설치기간은 30년, 1회 한하여 30년 연장 가능하다(total 60년).

⇨ 설치기간이 끝나면 1년 이내에 철거

83 개업공인중개사가 중개의뢰인에게 「농지법」에 대해 설명한 내용으로 옳은 것은?

① 다년생식물 재배지 등 대통령령으로 정하는 농지의 경우 임대차기간은 3년 이상으로 하여야 한다.

② 농지전용협의를 마친 농지를 매수하는 경우에도 농지취득자격증명이 필요하다.

③ 주말·체험영농의 목적으로 농지를 소유하는 경우 세대원 전부가 소유하는 총 면적이 1천㎡ 미만이어야 한다.

④ 농업진흥지역 내라 하더라도 주말·체험영농의 목적으로 농지를 취득할 수 있다.

⑤ 3년간 농업경영을 하다가 이농(離農)하는 경우 총 1만㎡ 까지만 소유할 수 있다.

핵심체크

▲ 농지 임대차(전세권 설정×)

1. 서면계약이 원칙
2. 기간은 3년 이상으로 하여야 한다(but 다년생식물의 경우 5년 이상으로 하여야 한다). 임대인도 부득이한 경우 3년 미만으로 할 수 있다(**예** 징집).
3. 분쟁 발생시 시장·군수 또는 자치구구청장에게 조정을 신청할 수 있다(조정위원회×).

▲ 비농업인의 농지 소유 상한

1. '비농업인이 농지를 상속받은 경우'와 '8년 **이상** 농업경영을 하다가 이농(離農)하는 경우' 총 **1만㎡까지** 소유할 수 있다.
2. 주말·체험영농의 경우 **세대원 전부가 소유하는 총 면적이 1천㎡ 미만이다.**

02　확인·설명서 작성방법

84　공인중개사법령상 주거용 건축물의 중개대상물 확인·설명서(Ⅰ) 작성방법에 관한 설명으로 옳은 것은?

① "최우선변제금액"은 임대차계약 체결시를 기준으로 하며, "실제 권리관계 또는 공시되지 않은 물건의 권리사항"란에 적는다.

② "민간임대 등록 여부"는 임대주택 정보체계에 접속하여 확인하거나 임대인에게 확인하여 "권리관계"란에 적는다.

③ "계약갱신요구권의 행사 여부"는 "권리관계"란에 적는다.

④ "현장안내"란에는 개업공인중개사 기본 확인사항으로서 현장안내자를 표시하고, 중개보조원이 현장안내를 한 경우 신분고지 여부를 표시한다.

⑤ 관리비는 직전 1년간 월평균 관리비 등을 기초로 산출한 총 금액을 적되, 관리비에 포함되는 비목들에 대해서는 해당하는 곳에 표시하고, 부과방식도 해당하는 곳에 표시한다.

핵심체크

⚓ 주거용 건축물 확인·설명서 작성방법(공동주택, 단독주택, 주거용 오피스텔)

1. '권리관계'란에 등기부 기재사항만 적는다.
2. '임대차 확인사항'에는 확정일자 **부여**현황 정보, 국세 및 지방세 **체납** 정보, **전입세**대확인서 제출, **최우선변제**금, 민간임대**등록** 여부, 계약갱**신**요구권 행사 여부를 적는다.
   부.체.전.최를 변제하지 않으면 **등.신!** ⇨ 개업공인중개사가 임대인 및 임차인에게 설명하였음을 확인하고, 임대인과 임차인의 서명 또는 날인을 받아야 한다.
3. **담보물권 설정시를 기준으로** 소액임차인의 범위 및 최우선변제금액을 판단한다.
4. 관리비는 총 금액, 포함 비목, 부과방식을 적는다.
   🔳 주택 임대차 중개에서 관리비는 확인·설명사항에 해당한다.(○)
   🔳 주거용 확인·설명서에서 관리비를 '임대차 확인사항'에 적는다.(×)
   🔳 주거용 확인·설명서에서 관리비를 '관리에 관한 사항'에 적는다.(○)
5. '현장안내'에는 현장안내자(개업공인중개사, 소속공인중개사, 중개보조원)를 체크하고, 중개보조원이 현장안내를 한 경우 신분고지 여부를 체크한다. **현장안내는 세부 확인사항이다.**
6. 입지조건 : 도로와의 관계, 대중교통, 주차장, 교육시설(**판매 및 의료시설**×)

85 공인중개사법령상 토지 중개대상물 확인·설명서(III) 작성방법에 관한 설명으로 옳은 것은?

① "민간임대 등록 여부"는 "임대차 확인사항"란에 적는다.

② "교육시설"은 "입지조건"란에 적는다.

③ "단독경보형감지기의 설치 여부"는 매도(임대)의뢰인에게 자료를 요구하여 확인한 사항을 적는다.

④ "비선호시설(1km 이내)의 유무(有無)"는 개업공인중개사가 확인한 사항을 적는다.

⑤ "바닥면이 깨끗한지 보통인지 여부"는 매도(임대)의뢰인에게 자료를 요구하여 확인한 사항을 적는다.

핵심체크

▲ 확인·설명서 기재사항의 비교

1. 모든 확인·설명서에 공통된 것은 세금 관련 내용(취득세, 재산세 등), 중개보수 및 실비의 금액과 산출내역이다.

2. 주거용 건축물에만 있는 것은 환경조건(일조량, 소음, 진동)이다. 또한 임대차 확인사항, 관리비, 현장안내는 주거용 건축물에만 있다.

3. 주거용 건축물과 토지에만 있는 것은 비선호시설이다(**비주거용 − 비선호시설×**).

▲ 비주거용과 토지 확인·확인서 문제 풀이방법

비주거용과 토지 확인·설녕서에서는 없는 깃인데 보이면 바로 ×

예 토지 확인·설명서인데 환경조건 ⇨ 바로 ×

예 비주거용 확인·설명서인데 비선호시설 ⇨ 바로 ×

03 검인 · 부동산실명법

86 「부동산등기 특별조치법」상 검인신청에 관한 설명으로 옳은 것은?

① 개업공인중개사의 중개로 거래가 이루어진 경우 개업공인중개사는 검인을 신청하여야 한다.

② 저당권설정계약서에 검인을 신청하여야 한다.

③ 권리이전의 내용은 검인계약서에 필수적으로 기재해야 하는 사항이다.

④ 시장 등이 검인을 한 때에는 그 계약서 또는 판결서 등의 사본 2통을 작성하여 1통은 보관하고 1통은 부동산의 소재지를 관할하는 세무서장에게 송부하여야 한다.

⑤ 2개 이상의 시 · 군 · 구에 있는 수 개의 부동산의 소유권이전을 내용으로 하는 계약서 또는 판결서 등을 검인받고자 하는 경우에는 모든 시 · 군 · 구를 관할하는 시장 · 군수 · 구청장에게 각각 검인을 신청하여야 한다.

핵심체크

⛰ 검인

1. **검인 대상** : 교환, 증여, 판결서, 가등기에 기한 본등기 신청
2. 개업공인중개사의 중개로 거래가 이루어진 경우 **개업공인중개사에게 검인신청 의무✕**
   그러나 **개업공인중개사는 검인신청을 할 수 있다.**
3. 검인을 신청할 때 원본(정본)을 제출해야 한다. 시장 등은 '부동산 소재지 숫자 + 1통'의 사본을 작성한다. 예 '구'가 두 군데라면 사본은 3장
4. 2개 이상의 시 · 군 · 구라면 그중 한 곳을 관할하는 시장 · 군수 · 구청장에게 검인을 신청할 수 있다.
5. **형식적 심사** : 계약서 또는 판결서 등의 형식적 요건의 구비 여부만을 확인하고 그 기재에 흠결이 없다고 인정한 때에는 지체 없이 검인을 하여 교부하여야 한다 (내용의 진정성 확인✕).

⛰ 개업공인중개사의 의무와 개업공인중개사 관련 사항의 기재

구분	부동산 거래신고	주택 임대차신고	외국인 취득특례	토지 거래허가	검인
개업공인중개사의 의무	○	✕	✕	✕	✕
신고서(신청서)에 기재	○	○	✕	✕	○

87 甲은 乙과 乙소유 부동산의 매매계약을 체결하면서 친구 사이인 甲과 丙 간의 명의신탁약정에 따라 丙명의로 소유권이전등기를 하기로 하였다. 乙에서 丙에게로 이전등기가 이루어진 경우에 대하여 개업공인중개사가 甲과 乙에게 설명한 내용으로 옳은 것은? (다툼이 있으면 판례에 따름)

① 丙 명의의 등기는 유효하다.

② 丙 명의로 등기가 이루어지더라도 소유권은 乙에게 귀속한다.

③ 甲은 乙을 대위해서 丙에게 진정명의 회복을 원인으로 소유권이전등기를 청구할 수 없다.

④ 甲은 명의신탁약정을 해지한 후 丙에게 소유권이전등기를 청구할 수 있다.

⑤ 丙이 위 부동산을 제3자에게 처분한 경우 乙에 대한 횡령죄가 성립힌다.

핵심체크

2자 간 명의신탁이든, 3자 간 등기명의신탁(중간생략형 명의신탁)이든, 계약명의신탁이든 수탁자의 처분행위는 횡령죄가 성립하지 않는다.

그러나 **명의신탁 자체로 처벌된다. 신탁자는 5년 – 2억원, 수탁자는 3년 – 1억원에 처**한다.

88 친구 사이인 甲과 乙 간의 명의신탁약정에 따라 수탁자 乙이 매수인으로서 丙소유의 X토지를 매입하고 乙명의로 이전등기를 하였다. 이 경우의 법률관계에 관한 설명으로 옳은 것은? (다툼이 있으면 판례에 따름)

① 丙이 甲과 乙 간에 명의신탁약정이 있다는 사실을 모른 경우, X토지에 대한 소유자는 丙이다.

② 丙이 甲과 乙 간에 명의신탁약정이 있다는 사실을 모른 경우, 甲과 乙 간의 명의신탁약정은 유효이다.

③ 丙이 乙에게 소유권이전등기를 할 때 비로소 甲과 乙 간에 명의신탁약정이 있다는 사실을 알게 된 경우 X토지의 소유자는 丙이다.

④ 丙이 甲과 乙 간에 명의신탁약정이 있다는 사실을 알고 있었던 경우, X토지에 대한 소유자는 乙이다.

⑤ 丙이 甲과 乙 간에 명의신탁약정이 있다는 사실을 알았는지 여부와 관계없이 甲이 X토지를 20년간 점유했다 하더라도 점유할 다른 권원이 인정되는 등 특별한 사정이 없는 한 점유취득시효가 인정되지 않는다.

▌핵심체크

🔺 계약명의신탁에서 주의사항

1. 매도인이 매매계약 체결시 선의였다면 나중에 알았더라도 선의이다.
2. 경매에서 신탁자가 자금을 대고, 수탁자 명의로 낙찰을 받는 것도 계약명의신탁이다. 이 경우 경매대상 부동산의 소유자가 악의여도 수탁자는 소유권을 취득한다.
3. 신탁자는 소유권을 취득할 수 없는 자이므로 신탁자의 점유는 자주점유가 아니다. 따라서 **신탁자는 20년간 점유해도 점유취득시효를 주장할 수 없다.**
4. 신탁자는 5년 − 2억원 & 부동산 평가금액의 30% 범위 내에서 과징금 but 이행강제금 부과✕(실명등기를 못하기 때문에)

89 개업공인중개사가 중개의뢰인에게 「주택임대차보호법」에 대해 설명한 내용으로 옳은 것은? (다툼이 있으면 판례에 따름)

① 중소기업인 법인의 소속 '직원'의 명의로 주민등록이 되어 있지 않고, 대표이사 또는 사내이사로 등기된 사람의 명의로 주민등록이 되어도 그 중소기업인 법인은 대항력을 취득한다.

② 주택을 임차한 중소기업이 아닌 일반 법인에게는 임차주택의 양수인이 임대인의 지위를 승계한다는 규정이 원칙적으로 적용된다. 따라서 임대인의 임차인인 법인에 대한 보증금반환채무는 원칙적으로 소멸한다.

③ 임차인이 임대차계약의 갱신을 요구하면 임대인에게 갱신거절 사유가 존재하지 않는 한 임대인에게 갱신요구가 도달한 때 갱신의 효력이 발생한다. 갱신의 효력이 발생한 경우 임차인은 언제든지 계약의 해지통지를 할 수 있고, 임대인이 해지통지를 받은 날부터 3개월이 지나면 그 효력이 발생한다.

④ 임차인이 주택의 점유를 상실하여 대항력이 소멸한 후 임차권등기를 마친 경우, 대항력이 소급하여 회복된다.

⑤ 임차인이 임차권등기명령 신청비용과 임차권등기비용에 대한 비용상환청구권을 상계의 자동채권으로 삼는 등의 방법으로 행사할 수 없다.

핵심체크

▲ 최근 판례

1. 주택을 임차한 중소기업이 아닌 일반 법인에게는 임차주택의 양수인이 임대인의 지위를 승계한다는 규정이 원칙적으로 적용되지 않는다(2024. 10. 25.).

2. 임차인이 주택의 점유를 상실하여 대항력이 소멸한 후 임차권등기를 마친 경우, 대항력이 소급하여 회복되시 않는다(2025. 4. 15.).

3. 임차인이 임차권등기명령 신청비용과 임차권등기비용에 대한 비용상환청구권을 상계의 자동채권으로 삼는 등의 방법으로 행사할 수 있다(2025. 4. 25.).

90 개업공인중개사가 중개의뢰인에게 「주택임대차보호법」에 대해 설명한 내용으로 옳은 것은? (다툼이 있으면 판례에 따름)

① 임차인이 임의경매절차에서 매각대금을 납부하지 아니한 최고가매수신고인과 임대차계약을 체결하고, 주택을 인도받아 전입신고 및 확정일자를 갖추었다면 우선변제권을 취득한다.

② 대항력을 갖춘 임차인은 저당권설정등기 이후 증액된 임차보증금에 관하여는 저당권에 기해 주택을 경락받은 소유자에게 대항할 수 있다.

③ 확정일자를 먼저 받은 후 주택의 인도와 전입신고를 하면 그 전입신고일이 저당권설정등기일과 같은 경우 저당권자가 임차인에 우선한다.

④ 주택임차인이 그 지위를 강화하고자 별도로 전세권설정등기를 마쳤다면 「주택임대차보호법」상 대항요건을 상실하더라도 이미 취득한 「주택임대차보호법」상 대항력 및 우선변제권은 상실되지 않는다.

⑤ 대지에 저당권설정 후에 비로소 건물이 신축된 경우에도 소액임차인은 대지의 환가대금에서 우선변제를 받을 수 있다.

핵심체크

🔺 임차인과 저당권의 우선순위

1. 8월 1일 임차인의 전입신고 및 확정일자, 8월 1일 저당권
   ⇨ 임차인의 대항력과 우선변제권은 8월 2일 0시, **저당권은 8월 1일**
2. 8월 1일 임차인의 전입신고 및 확정일자, 8월 2일 저당권
   ⇨ **임차인의 대항력과 우선변제권은 8월 2일 0시**, 저당권은 8월 2일 오전 9시

🔺 임대인의 갱신거절로 인한 손해배상액의 계산

1. 환산월차임의 **3개월분**
2. 환산월차임 간 차액의 **2년분**
3. 임대인의 갱신거절로 **임차인이 입은 손해액**
셋 중에서 **큰 것이다.**

🔺 월차임 전환시 산정률 제한

1. **주임법** : 연 10% 또는 기준금리 + 2%
2. **상임법** : 연 12% 또는 기준금리 × 4.5

05 상가건물 임대차보호법

91 개업공인중개사가 2025년 8월에 보증금 5억원, 월차임 500만원으로 하여 서울특별시 소재하는 상가건물의 임대차를 중개하는 경우 「상가건물 임대차보호법」에 대해서 설명한 내용으로 옳은 것은?

① 기간의 정함이 없거나 기간을 1년 미만으로 정한 임대차는 그 기간을 1년으로 본다.

② 임대인의 차임증액청구가 인정되더라도 25민원끼지만 인정된다.

③ 임치인에게 대항력이 있는 경우 상가건물의 양수인은 임대인의 지위를 승계한 것으로 본다.

④ 임대차등기를 하지 않은 임차인이 관할 세무서장으로부터 확정일자를 받은 경우, 상가건물의 경매시 후순위 권리자보다 우선하여 변제받을 권리가 있다.

⑤ 임대차가 종료된 후 보증금이 반환되지 아니한 임차인은 상가건물의 소재지를 관할하는 지방법원에 임차권등기명령을 신청할 수 있다.

핵심체크

서울에서 환산보증금이 9억원 초과여도 적용되는 것

대항력 규정, **권리금** 회수기회 보호 규정, **3기**의 차임액 연체시 계약 해지, **표준계약서** 사용 권장, **계약갱**신요구권 규정, 폐업으로 인한 임차인의 **해지권(대권3표 계갱해)**

예 환산보증금이 10억원인 상가임차인이 건물인도와 사업자등록을 신청한 때에는 다음 날부터 대항력이 발생한다.(○) ⇨ 대항력 규정이므로 적용된다.

예 환산보증금이 10억원인 상가임차인이 확정일자를 받으면 우선변제권이 인정된다.(×) ⇨ 우선변제권 규정이므로 적용되지 않는다.

예 환산보증금이 10억원인 상가임대차의 경우 양수인은 임대인의 지위를 승계한 것으로 본다.(○) ⇨ 대항력 규정이므로 적용된다.

92 개업공인중개사가 중개의뢰인에게 「상가건물 임대차보호법」의 적용을 받는 상가 건물임대차에 대해서 설명한 내용으로 옳은 것은? (다툼이 있으면 판례에 따름)

① 상가임대차가 종료된 경우 보증금을 반환받을 때까지 임차 목적물을 계속 점유하면서 사용·수익한 임차인은 시가에 따른 차임에 상응하는 부당이득금을 지급할 의무를 부담한다.

② 상가건물을 임차하고 사업자등록을 한 사업자가 폐업신고를 하였다가 다시 같은 상호 및 사업자등록번호로 사업자등록을 했다면 기존의 대항력은 유지된다.

③ 임대인이 갱신거절의 통지를 먼저 한 후에는 임차인은 계약갱신요구권을 행사할 수 없다.

④ 임대인의 동의를 받고 전대차계약을 체결한 전차인은 임차인의 계약갱신요구권 행사기간 이내에 임차인을 대위하여 임대인에게 계약갱신요구권을 행사할 수 있다.

⑤ 보증금이 5천만원, 월차임이 50만원인 상가의 임차인은 경매시 보증금 중 일정액을 다른 담보물권자보다 우선하여 변제받을 권리가 있다.

핵심체크

🔺 최근 판례

상가임대차가 종료된 경우 보증금을 반환받을 때까지 임차 목적물을 계속 점유하면서 사용·수익한 임차인은 **종전 임대차계약에서 정한 차임을 지급할 의무를 부담할 뿐이고, 시가에 따른 차임에 상응하는 부당이득금을 지급할 의무를 부담하는 것은 아니다**(2023. 11. 9.).

🔺 묵시적 갱신 ≠ 계약갱신요구권 ≠ 권리금 회수기회 보호

🔳 임대인이 갱신거절의 통지를 먼저 한 후라 하더라도 임차인은 계약갱신요구권을 행사할 수 있다.(○)

🔳 10년 제한 규정은 묵시적 갱신에는 적용되지 않는다.(○)

🔳 전체 임대차기간이 10년을 초과하여 임차인이 계약갱신요구권을 행사할 수 없는 경우에도 임대인은 권리금 회수기회 보호의무를 부담한다.(○)

🔺 소액임차인과 최우선변제금 비교

1. **상임법**에서는 서울에서 **환산보증금이 6천5백만원 이하일 때** 소액임차인이다.
2. **주임법**에서는 서울에서 **단순보증금이 1억 6천5백만원 이하일 때** 소액임차인이다.
3. **선순위 저당권 설정시를 기준으로** 소액임차인과 최우선변제금을 판단한다.

93 개업공인중개사가 중개의뢰인에게 「상가건물 임대차보호법」상 권리금 회수기회 보호에 관한 설명으로 옳은 것은? (다툼이 있으면 판례에 따름)

① 「전통시장 및 상점가 육성을 위한 특별법」 제2조 제1호에 따른 전통시장은 권리금 회수기회 보호규정이 적용되지 아니한다.

② '임대차 목적물인 상가건물을 1년 6개월 이상 영리목적으로 사용하지 아니한 경우'에서 영리 목적으로 사용하지 아니한 자는 임차인이다.

③ 임대인이 비영리목적 사용을 이유로 임차인이 주선한 신규임차인과의 계약을 거절한 후 해당 상가건물을 매도한 경우, 새로운 소유자는 해당 상가건물을 곧바로 영리 목적으로 사용할 수 있다.

④ 임대인이 선택한 신규임차인이 임차인과 권리금계약을 체결하고 그 권리금을 지급한 경우에는 임차인이 주선한 신규임차인이 되려는 자와 임대차계약의 체결을 거절할 수 있는 정당한 사유에 해당한다.

⑤ 임차인이 3기의 차임액을 연체한 사실이 있는 경우에도 임대인은 권리금 회수기회 보호의무를 부담한다.

핵심체크

▲ 영리 목적으로 사용하지 아니한 자

'임대인이 임대차 목적물인 상가건물을 1년 6개월 이상 영리목적으로 사용하지 아니한 경우'는 임대인이 임차인이 주선한 신규임차인이 되려는 자와 임대차계약의 체결을 거절할 수 있는 정당한 사유에 해당한다. ⇨ **영리 목적으로 사용하지 아니한 사람은 임대인이다(임차인×).**
또한 **종전 소유자와 새로운 소유자가 영리 목적으로 사용하지 않은 기간을 합쳐서 1년 6개월 이상이어야 한다.**

▲ 갱신거절 사유가 있는 경우 임대인은 권리금 회수기회 보호의무를 부담하지 않는다.
예 임차인이 3기의 차임액을 연체한 사실이 있는 경우 임대인은 권리금 회수기회 보호의무가 적용되지 않는다(임차인은 권리금 회수기회 보호를 못 받는다).

94 「상가건물 임대차보호법」상 권리금 회수기회 보호에 관한 설명으로 옳은 것은?
(단, 갱신거절사유는 없고, 다툼이 있으면 판례에 따름)

① 임대인은 임대차기간이 끝나기 6개월 전부터 1개월 전까지 「상가건물 임대차보호법」에서 정하는 방해 행위를 함으로써 임차인이 권리금을 지급받는 것을 방해해서는 아니 된다.

② 임대인이 해당 건물의 철거 및 재건축 계획을 고지한 사실은 특별한 사정이 없는 한 권리금 회수기회를 방해하는 행위에 해당한다.

③ 임대인의 행위 중 임차인이 주선한 신규임차인이 되려는 자에게 상가건물에 관한 조세, 공과금, 주변 상가건물의 차임 및 보증금, 그 밖의 부담에 따른 금액에 비추어 현저히 고액의 차임과 보증금을 요구하는 행위는 권리금 회수기회를 방해하는 행위에 해당한다.

④ 임대인의 권리금 회수기회에 대한 방해 행위로 임차인이 손해를 입은 경우, 그 손해배상액은 신규임차인이 임차인에게 지급하기로 한 권리금과 임대차 종료 당시의 권리금 중 높은 금액으로 한다.

⑤ 임대인의 권리금 회수기회에 대한 방해 행위로 손해를 입은 임차인의 손해배상청구권은 방해 행위가 있은 날부터 3년 이내에 행사하지 아니하면 시효의 완성으로 소멸한다.

핵심체크

🔺「상가건물 임대차보호법」에서 숫자 비교

1. **묵시적 갱신** : 임대인이 기간 끝나기 **6개월 전부터 1개월 전까지** 갱신거절의 통지
2. **계약갱신요구권** : 임차인이 기간 끝나기 **6개월 전부터 1개월 전까지** 행사
3. **권리금 회수기회 보호** : 임대인이 기간 끝나기 **6개월 전부터 종료시까지** 방해행위

🔺 권리금 회수기회 보호에서 손해배상액

상임법에서 손해배상액은 신규임차인이 임차인에게 지급하기로 한 권리금과 임대차 종료 당시의 권리금 중 **낮은 금액**을 넘지 못한다. 그러나 **주임법은 큰 집이니까 큰 게!**

🔺 최근 판례

임대인이 임차인의 권리금 회수기회를 방해하여 손해를 입은 임차인의 손해배상청구권은 **임대차가 종료한 날부터** 3년 이내에 행사하지 아니하면 시효의 완성으로 소멸한다. 임대인의 권리금 회수기회 방해로 인한 **손해배상채무는 임대차가 종료한 날에 이행기가 도래하여 그 다음 날부터 지체책임이 발생하는 것으로 보아야 한다**(2023. 2. 2.).

95 「집합건물 소유 및 관리에 관한 법률」에 관한 설명으로 옳은 것은? (다툼이 있으면 판례에 따름)

① 관리단집회 결의나 다른 구분소유자의 동의 없이 구분소유자 1인이 공용부분을 독점적으로 점유·사용하는 경우, 다른 구분소유자는 공용부분의 보존행위로서 그 인도를 청구할 수 있다.

② 일부의 구분소유자만이 공용하도록 제공되는 것임이 명백한 공용부분도 구분소유자 전원의 공유에 속한다.

③ 전유부분이 속하는 1동의 건물의 설치 또는 보존의 흠으로 인하여 다른 자에게 손해를 입힌 경우에는 그 흠은 전유부분에 존재하는 것으로 추정한다.

④ 구분소유자는 공용부분에 대한 지분을 그가 가지는 전유부분과 분리하여 처분할 수 없다.

⑤ 규약으로써 달리 정한 경우에도 구분소유자는 그가 가지는 전유부분과 분리하여 대지사용권을 처분할 수 없다.

핵심체크

▲ 공용부분의 처분제한

1. 공유자의 공용부분에 대한 지분은 그가 가지는 전유부분의 처분에 따른다.
2. 각 공유자는 그가 가지는 전유부분과 분리하여 공용부분에 대한 지분을 처분할 수 없다(죽었다 깨어나도).

▲ 전유부분과 대지사용권의 일체성

1. 구분소유자의 대지사용권은 그가 가지는 전유부분이 처분에 따른다.
2. 구분소유자는 규약으로써 달리 정하는 경우가 아니라면 그가 가지는 전유부분과 분리하여 대지사용권을 처분할 수 없다. ⇨ 규약으로 달리 정하면 전유부분과 분리하여 대지사용권을 처분할 수 있다.

07 경매 · 매수신청대리인등록

96 개업공인중개사가 「민사집행법」에 따른 경매에 대해 의뢰인에게 설명한 내용으로 옳은 것은?

① 기일입찰에서 매수신청인은 보증으로 매각대금의 10분의 1에 해당하는 금액을 집행관에게 제공해야 한다.

② 「민법」·「상법」 그 밖의 법률에 의하여 우선변제청구권이 있는 채권자는 매각결정기일까지 배당요구를 할 수 있다.

③ 차순위매수신고는 그 신고액이 최고가매수신고액에서 그 보증액을 **뺀** 금액을 넘는 때에만 할 수 있다.

④ 매수인은 매각부동산 위의 유치권자에게 그 유치권으로 담보하는 채권을 변제할 책임이 없다.

⑤ 매각부동산 위의 전세권은 저당권에 대항할 수 있는 경우에는 전세권자가 배당요구를 하더라도 매각으로 소멸하지 않는다.

핵심체크

🔺 첫 경매개시결정등기 전에 임차권등기명령에 의해 임차권 등기를 경료한 임차인과 강제경매를 신청한 임차인은 배당요구가 불필요하다.

🔺 **차순위매수신고**
최저매각가격은 2억원, 매수신청보증금은 2천만원이고,
최고가매수신고액이 2억 5천만원이면
차순위매수신고는 2억 5천만원에서 2천만원을 뺀 2억 3천만원을 넘을 때만 할 수 있다.

🔺 **입장 차이**
1. 매수인은 매각부동산 위의 유치권자에게 그 유치권으로 담보하는 채권을 변제할 책임이 없다.(○) ⇨ 매수인 입장
2. 유치권자는 매수인에게 채권의 변제를 청구할 수 없고, 채권의 변제가 있을 때까지 목적물의 인도를 거절할 수 있다.(○) ⇨ 유치권자 입장

97 개업공인중개사가 「민사집행법」에 따른 경매에 대해 의뢰인에게 설명한 내용으로 옳은 것은?

① 후순위 저당권자가 경매를 신청한 경우 매각부동산 위의 선순위 저당권은 매각으로 소멸하지 않는다.

② 담보목적이 아닌 최선순위 소유권이전등기청구권보전의 가등기가 설정된 부동산을 경매로 취득한 자는 소유권을 상실할 수 있다.

③ 임차건물이 매각되면 보증금이 전액 변제되지 않은 대항력이 있는 임차권도 소멸한다.

④ 매각허가결정에 대하여 항고하고자 하는 사람은 보증으로 최저매각가격의 10분의 1에 해당하는 금전을 공탁해야 한다.

⑤ 매수인이 매각대금을 납부하지 못하여 다시 매각을 하는 경우, 법원은 종전의 최저매각가격을 상당히 낮추고 재매각기일을 정하여야 한다.

핵심체크

▲ 보증금 비교

1. **매수신청 보증금(경매에 참여)**은 최저매각가격의 10분의 1
2. **항고 보증금(경매에 불복)**은 매각대금의 10분의 1

▲ 낙찰 vs 유찰

1. **낙찰**(매각대금을 납부하지 않아서 다시 하는 재매각, 불허가결정으로 다시 하는 새매각) ⇨ 종전의 최저매각가격을 그대로 적용한다(저감×).
2. **유찰**(허가할 매수가격의 신고가 없음) ⇨ 최저매각가격을 상당히 낮춘다(저감○).

98 「공인중개사의 매수신청대리인 등록 등에 관한 규칙」의 내용으로 옳은 것은?

① 공인중개사는 중개사무소의 개설등록을 하지 않으면 매수신청대리인 등록을 할 수 없다.

② 「입목에 관한 법률」에 따른 입목은 중개대상물에 해당하지만, 매수신청대리의 대상물에는 해당하지 않는다.

③ 개업공인중개사는 매수신청대리의 위임을 받은 경우 「민사집행법」에 따른 매각허가결정에 대한 항고를 할 수 있다.

④ 개업공인중개사는 매수신청대리행위를 함에 있어서 소속공인중개사를 대리 출석시킬 수 있지만, 중개보조원을 대리 출석시킬 수는 없다.

⑤ 개업공인중개사는 매수신청대리의 위임을 받은 경우, 매수신청대리에 관한 보수표와 보수에 대하여 위임인에게 설명해야 한다.

핵심체크

🔺 매수신청대리인 등록의 可否 ⇨ **그냥 공인중개사✕, 소속공인중개사✕, 부칙상의 개업공인중개사✕**, 공인중개사인 개업공인중개사○, 법인인 개업공인중개사○

🔺 **중개대상물과 매수신청대리 대상물은 동일하다.** 따라서 입목, 광업재단, 공장재단도 매수신청대리 대상물이 될 수 있다. 미등기 건물도 매수신청대리 대상물이 될 수 있다.

🔺 **확인 · 설명 시기**

1. 보수표와 보수는 **위임계약 체결 전**에 설명해야 한다.
2. 권리관계, 경제적 가치, 매수인이 인수 및 부담해야 할 사항 등은 **위임계약 체결 후**에 설명해야 한다.

99 「공인중개사의 매수신청대리인 등록 등에 관한 규칙」의 내용으로 옳은 것은?

① 개업공인중개사의 중개업 폐업신고에 따라 매수신청대리인 등록이 취소된 경우에 그 등록이 취소된 후 3년 동안 등록의 결격사유에 해당한다.

② 개업공인중개사는 매수신청대리인이 된 사건에 있어서 매수신청인으로서 매수신청을 하는 행위를 할 수 있다.

③ 매수신청대리의 위임계약을 체결하기 전에 매수신청대리 대상물의 권리관계, 경제적 가치, 매수인이 인수 및 부담해야 할 사항 등에 대하여 위임인에게 성실·정확하게 실명하고 등기사항증명서 등 설명의 근거자료를 제시해야 힌다.

④ 이 규칙상의 업무정지기간은 1개월 이상 2개월 이하로 한다.

⑤ 매수신청대리인 등록을 한 개업공인중개사는 법원행정처장이 인정하는 특별한 경우에는 그 사무소의 간판에 "법원"의 휘장 등을 표시할 수 있다.

핵심체크

▲ 매수신청대리인 등록의 결격사유

1. 매수신정대리인 등록의 결격사유가 별도로 존재한다. 매수신청대리인 등록취소 + 3년간 결격사유이다. 그러나 **중개업의 폐업은 잘못한 것이 아니므로 그것을 이유로 매수신청대리인등록이 취소되더라도 결격사유가 아니다.**
2. 경매 관련 유죄판결을 받으면 2년간 결격사유이다.

100 「공인중개사의 매수신청대리인 등록 등에 관한 규칙」에 관한 설명으로 옳은 것은?

① 매수신청대리 보수의 지급시기는 약정이 없을 때에는 매각결정기일로 한다.

② 중개업 실무교육을 이수하고 1년 이내에 매수신청대리인 등록신청을 하는 자는 경매관련 실무교육이 면제가 된다.

③ 개업공인중개사가 매수신청대리 위임계약을 체결한 경우 매수신청대상물의 확인·설명서 사본을 3년간 보존해야 한다.

④ 매수신청대리인으로 등록한 개업공인중개사는 업무를 개시하기 전에 위임인에 대한 손해배상책임을 보장하기 위하여 보증보험 또는 협회의 공제에 가입하거나 공탁을 하여야 한다.

⑤ 지방법원장은 매수신청대리업무에 관하여 관할 안에 있는 협회의 시·도 지부와 매수신청대리인 등록을 한 개업공인중개사를 감독한다.

▌핵심체크

▲ 실무교육은 동일 계열은 1년 이내면 면제○, 교차는 면제×

▲ **매수신청대리인 등록에서 보증설정시기**

매수신청대리인이 **되고자 하는** 개업공인중개사는 위임인에 대한 손해배상책임을 보장하기 위하여 보증보험 또는 협회의 공제에 가입하거나 공탁을 하여야 한다.
⇨ **매수신청대리인 등록에서는 보험을 미리 들어야 한다.**

▲ **매수신청대리업무의 감독권자**

1. 법원행정처장은 협회를 감독한다.
2. 지방법원장은 협회의 시·도 지부와 개업공인중개사를 감독한다.

부록

복습문제

본문의 문제를 하나로 모아
다시 한 번 복습할 수 있도록 하였습니다.

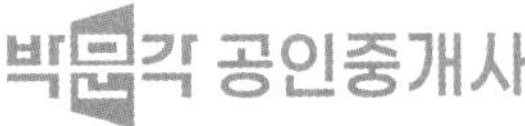

01 공인중개사법령상 중개대상에 관한 설명으로 옳은 것은? (다툼이 있으면 판례에 따름)

① 중개대상물인 '건축물'에는 현존의 건축물만 해당하므로 장차 건축될 특정의 건축물은 포함되지 않는다.

② 아파트 추첨기일에 신청하여 당첨되면 아파트의 분양예정자로 선정될 수 있는 지위인 입주권은 중개대상물에 해당하지 않는다.

③ 거래처, 신용, 영업상의 노하우 또는 점포위치에 따른 영업상의 이점 등 무형의 재산적 가치는 중개대상물에 해당한다.

④ 주택이 철거될 경우 일정한 요건하에 택지개발지구 내에 이주자 택지를 공급받을 지위는 중개대상물에 해당한다.

⑤ 콘크리트 지반 위에 쉽게 분리·철거가 가능한 볼트조립방식으로 철제 파이프 기둥을 세우고 지붕을 덮은 다음 3면에 천막을 설치한 세차장구조물은 중개대상물에 해당한다.

02 공인중개사법령상 중개대상에 관한 설명으로 옳은 것은? (다툼이 있으면 판례에 따름)

① 법정지상권을 양도하는 행위를 알선하는 것은 중개에 해당한다.

② 유치권 행사 중인 건축물은 중개대상물에 해당하지 않는다.

③ 분필하지 않은 1필지 토지의 일부의 임대차는 중개의 대상에 해당하지 않는다.

④ 「입목에 관한 법률」에 따른 입목등기를 하지 않은 명인방법을 갖춘 수목의 집단은 중개대상물에 해당하지 않는다.

⑤ "중개"의 정의에서 말하는 '그 밖의 권리'에 저당권은 포함되지 않는다.

03 「입목에 관한 법률」에 따른 입목과 「공장 및 광업재단 저당법」에 따른 공장재단에 관한 설명으로 옳은 것은?

① 입목등록원부에 등록되지 않은 수목의 집단도 「입목에 관한 법률」에 따른 입목등기를 할 수 있다.

② 입목의 소유자는 토지와 분리하여 입목을 양도하거나 저당권의 목적으로 할 수 없다.

③ 토지소유권 또는 지상권 처분의 효력은 입목에 미친다.

④ 입목을 목적으로 하는 저당권의 효력은 입목을 벌채한 경우에 그 토지로부터 분리된 수목에 대하여 미친다.

⑤ 공장재단의 소유권보존등기의 효력은 소유권보존등기를 한 날부터 1개월 내에 저당권설정등기를 하지 아니하면 상실된다.

04 공인중개사법령에 관한 설명으로 옳은 것은? (다툼이 있으면 판례에 따름)

① '투명한 부동산거래질서의 확립'은 「공인중개사법」에 명문에 규정된 목적이다.

② 소속공인중개사는 그 소속 개업공인중개사인 법인의 임원이 될 수 없다.

③ 공인중개사자격취득 후 중개사무소의 개설등록을 하지 않은 자는 개업공인중개사가 아니다.

④ 개업공인중개사의 중개행위는 기본적으로 법률행위에 해당한다.

⑤ 중개와 위임은 선량한 관리자의 주의의무를 부담한다는 점에서 유사하지만, 중개는 신뢰를 요소로 하며 무상이 원칙이지만 위임은 신뢰를 요소로 하지 않으며 유상이 원칙이다.

05 공인중개사법령상 용어와 관련된 설명으로 옳은 것은? (다툼이 있으면 판례에 따름)

① 공인중개사에는 외국법에 따라 공인중개사 자격을 취득한 자도 포함된다.

② 공인중개사로서 개업공인중개사에 고용되어 그의 중개업무를 보조하는 자는 소속공인중개사가 아니다.

③ 개업공인중개사인 법인의 임원 또는 사원으로서 중개업무를 수행하는 공인중개사는 소속공인중개사가 아니다.

④ 중개보조원이라 함은 공인중개사가 아닌 자로서 개업공인중개사에 소속되어 단순한 업무를 보조하는 고용신고된 자를 말한다.

⑤ 개업공인중개사의 행위가 손해배상책임을 발생시킬 수 있는 "중개행위"에 해당하는지는 객관적으로 보아 사회통념상 거래의 알선·중개를 위한 행위라고 인정되는지에 따라 판단해야 한다.

06 공인중개사법령상 중개업에 관한 설명으로 옳은 것은? (다툼이 있으면 판례에 따름)

① 반복, 계속성이나 영업성 없이 단 1회 건물전세계약의 중개를 하고 보수를 받은 경우 중개를 업으로 한 것으로 본다.

② 중개사무소의 개설등록을 하지 않은 자가 다른 사람의 의뢰에 의하여 일정한 보수를 받고 중개를 업으로 행한 경우, 중개업에 해당하지 않는다.

③ 보수를 받고 오로지 토지만의 중개를 업으로 하는 경우, 중개업에 해당한다.

④ 일정한 보수를 받고 부동산 중개행위를 부동산 컨설팅행위에 부수하여 업으로 하는 경우, 중개업에 해당하지 않는다.

⑤ 다른 사람의 의뢰에 의하여 일정한 보수를 받고 부동산에 대한 저당권설정행위의 알선을 업으로 하는 경우, 그 행위의 알선이 금전소비대차의 알선에 부수하여 이루어졌다면 중개업에 해당하지 않는다.

07 공인중개사법령상 공인중개사의 자격 및 자격증 등에 관한 설명으로 옳은 것은?

① 국토교통부장관은 공인중개사자격시험 합격자의 결정·공고일부터 1개월 이내에 시험합격자에 관한 사항을 공인중개사자격증 교부대장에 기재한 후 공인중개사 자격증을 교부해야 한다.

② 시험시행기관장은 시험을 시행하기 어려운 부득이한 사정이 있는 경우에는 공인중개사 정책심의위원회(이하 "심의위원회")의 의결을 거쳐 해당 연도의 시험을 시행하지 않을 수 있다.

③ 공인중개사 자격이 취소된 후 5년이 지나지 아니한 자는 공인중개사가 될 수 없다.

④ 심의위원회 위원이 해당 안건의 당사자의 대리인이었지만 현재는 대리인이 아닌 경우, 심의위원회의 심의·의결에서 제척되지 않는다.

⑤ 공인중개사 자격증을 처음으로 교부받는 자는 해당 지방자치단체의 조례가 정하는 바에 따라 수수료를 납부해야 한다.

08 공인중개사법령상 공인중개사정책심의위원회(이하 심의위원회)에 관한 설명으로 옳은 것은?

① 위원장은 국토교통부 제2차관이 된다.

② 심의위원회는 위원장 1명을 제외하고 7명 이상 11명 이내의 위원으로 구성한다.

③ 심의위원회에서는 중개보수 변경에 관한 사항을 정하는 경우 시·도지사는 이에 따라야 한다.

④ 심의위원회에 심의위원회의 사무를 처리할 간사 1명과 회의록을 작성할 서기 1명을 둔다.

⑤ 위원장이 부득이한 사유로 직무를 수행할 수 없을 때에는 위원장이 미리 지명한 위원이 그 직무를 대행한다.

09 공인중개사법령상 법인이 중개사무소를 개설하려는 경우 그 등록기준으로 옳은 것은? (다른 법률에 따라 중개업을 할 수 있는 경우는 제외함)

① 대표자는 공인중개사이어야 하며, 대표자를 포함한 임원 또는 사원의 3분의 1 이상은 공인중개사일 것

② 법인의 대표자, 임원 또는 사원의 3분의 1 이상이 실무교육을 받았을 것

③ 중개업만을 영위할 목적으로 설립된 법인일 것

④ 「상법」상 유한책임회사인 경우 자본금이 5천만원 이상일 것

⑤ 건축물대장에 기재된 건물에 50m² 이상의 중개사무소를 확보할 것

10 공인중개사법령상 중개사무소의 개설등록기준에 관한 설명으로 옳은 것은? (주어진 조건만 고려함)

① 다른 법률의 규정에 따라 중개업을 할 수 있는 자도 공인중개사법령에서 정한 개설등록 기준을 갖추어야 한다.

② 「상법」상 합명회사는 자본금이 5천만원 미만이더라도 개설등록을 할 수 있다.

③ 「협동조합 기본법」상 사회적 협동조합으로서 자본금이 5천만원 이상이면 개설등록을 할 수 있다.

④ 대표자는 공인중개사이고, 대표자를 제외한 임원 중 2분의 1이 공인중개사인 주식회사는 개설등록을 할 수 없다.

⑤ 중개업만을 영위할 목적으로 설립된 법인은 개설등록을 할 수 있다.

11 공인중개사법령상 중개사무소의 개설등록에 관한 설명으로 옳은 것은?

① 공인중개사(소속공인중개사는 제외) 또는 법인이 아닌 자는 중개사무소 개설등록을 신청할 수 없다.

② A광역시 甲구(區)에 중개사무소를 두고자 개설등록을 신청한 자에게는 A광역시장이 중개사무소등록증을 교부해야 한다.

③ 개업공인중개사의 인장등록은 중개사무소 개설등록신청과 같이 해야 한다.

④ 개설등록신청을 받은 등록관청은 업무보증의 설정 여부를 확인하고, 신청일부터 7일 이내에 신청인에게 서면으로 통지해야 한다.

⑤ 중개사무소등록증에 개업공인중개사의 종별을 법인, 공인중개사 두 가지로 구분하고 있다.

12 공인중개사법령에 관한 설명으로 옳은 것은?

① 중개사무소 개설등록의 기준은 국토교통부령으로 정한다.

② 등록관청은 이중으로 등록된 중개사무소의 개설등록을 취소할 수 있다.

③ 개업공인중개사는 소속공인중개사를 고용한 경우 소속공인중개사의 공인중개사 자격증 원본을 중개사무소 안의 보기 쉬운 곳에 게시해야 한다.

④ 개업공인중개사가 「공인중개사법」을 위반하여 300만원의 벌금형 선고를 받은 경우, 벌금형 선고와 동시에 등록의 효력은 소멸한다.

⑤ 등록관청은 중개사무소등록증을 교부한 사항을 다음 달 10일까지 시·도지사에게 통보해야 한다.

13 공인중개사법령상 개업공인중개사의 중개보조원이 될 수 있는 자는?

① 공인중개사 자격시험에 응시하여 부정행위로 무효처분이 있은 후 5년이 지나지 아니한 자

② 공인중개사 자격이 취소된 후 3년이 지나지 아니한 자

③ 징역형의 집행유예를 받고 그 유예기간이 만료된 후 2년이 지나지 아니한 자

④ 「공인중개사법」을 위반하여 300만원의 벌금형 선고를 받고 3년이 지나지 아니한 자

⑤ 6개월의 업무정지처분을 받고, 업무정지처분을 받은 날부터 6개월이 지나지 아니한 자

14 공인중개사법령상 등록취소처분을 받은 경우, 등록취소일부터 3년간 등록의 결격사유에 해당하는 경우는? (주어진 조건만 고려함)

① 법인인 개업공인중개사가 해산을 해서 등록이 취소된 경우

② 등록기준에 미달되어 등록이 취소된 경우

③ 「공인중개사법」을 위반하여 300만원의 벌금형 선고를 받아서 등록이 취소된 경우

④ 파산선고를 받아서 등록이 취소된 경우

⑤ 중개사무소등록증을 대여해서 등록이 취소된 경우

15 공인중개사법령상 중개사무소 개설등록의 결격사유에 해당하지 <u>않는</u> 자는? (주어진 조건만 고려함)

① 만 19세에 달하지 아니한 자

② 법인인 개업공인중개사의 업무정지사유 발생 후 업무정지처분을 받기 전에 그 법인의 임원으로 선임되었던 자

③ 금고 이상의 실형의 선고를 받고 그 집행이 종료되거나 집행이 면제된 날부터 3년이 지나지 아니한 자

④ 피한정후견인이 임원으로 있는 법인

⑤ 거짓으로 중개사무소의 개설등록을 하여 개설등록이 취소된 후 3년이 지나지 아니한 자

16 공인중개사법령상 법인인 개업공인중개사의 업무범위에 관한 설명으로 옳은 것은? (다른 법률에 의해 중개업을 할 수 있는 경우는 제외함)

① 중개업에 부수되는 도배 및 이사업체를 운영할 수 있다.

② 주택용지의 분양대행업을 할 수 있다.

③ 상업용 건축물 및 주택의 임대관리업을 할 수 없다.

④ 겸업제한 규정을 위반한 경우, 등록관청은 중개사무소의 개설등록을 취소해야 한다.

⑤ 경매대상 부동산에 대해서 권리분석 및 취득의 알선만을 하고자 하는 경우에는 매수신청대리인 등록이 불필요하다.

17 공인중개사법령상 개업공인중개사의 고용인과 관련된 설명으로 옳은 것은? (다툼이 있으면 판례에 따름)

① 소속공인중개사에 대한 고용신고를 받은 등록관청은 공인중개사 자격증을 발급한 시·도지사에게 그 자격 확인을 요청해야 한다.

② 개업공인중개사가 소속공인중개사를 1명 고용한 경우, 중개보조원은 5명까지 고용할 수 있다.

③ 개업공인중개사는 소속공인중개사와의 고용관계가 종료된 때에는 별도로 신고하지 않아도 된다.

④ 중개보조원이 현장안내 등 중개업무를 보조하는 경우 중개의뢰인에게 본인이 중개보조원이라는 사실을 미리 알리지 않으면 1년 이하의 징역 또는 1천만원 이하의 벌금에 처한다.

⑤ 중개보조원의 업무상 행위가 법령을 위반한 경우 중개보조원에게 업무정지 처분을 할 수 있다.

18 공인중개사법령상 개업공인중개사 甲과 그가 고용한 중개보조원 乙에 관한 설명
으로 옳은 것은?

① 乙이 고의 또는 과실의 업무상 행위로 중개의뢰인에게 재산상 손해를 입힌
경우, 甲이 乙의 위반행위를 방지하기 위하여 상당한 주의와 감독을 게을리
하지 않았다면 甲은 손해배상책임이 면제된다.

② 乙이 고의 또는 과실의 업무상 행위로 재산상 손해를 입은 중개의뢰인은 甲
의 보증기관에 보증금을 청구할 수 없다.

③ 乙이 중개의뢰인에게 판단을 그르치는 금지행위를 한 경우 乙은 1년 이하의
징역 또는 1천만원 이하의 벌금에 처한다.

④ 甲이 乙의 위반행위를 방지하기 위하여 상당한 주의와 감독을 게을리하지
않은 경우, 甲은 징역형을 선고받지 않지만 벌금형을 선고받을 수 있다.

⑤ 乙이 중개의뢰인에게 판단을 그르치는 금지행위를 한 경우, 甲은 행정처분
을 받지 않는다.

19 공인중개사법령상 중개사무소의 설치에 관한 설명으로 옳은 것은?

① 법인인 개업공인중개사는 중개사무소로 개설등록할 건물의 소유권을 반드
시 확보해야 한다.

② 분사무소의 설치신고를 하려는 자는 분사무소설치신고서에 분사무소의 책
임자의 공인중개사자격증을 발급한 시·도를 기재해야 한다.

③ 법인이 아닌 개업공인중개사는 부득이한 사유가 있는 경우에 한하여 등록
관청의 허가를 받아 분사무소를 둘 수 있다.

④ 개업공인중개사가 「공인중개사법」을 위반하여 둘 이상의 중개사무소를 둔
경우 등록관청은 중개사무소의 개설등록을 취소하여야 한다.

⑤ 개업공인중개사가 이동이 용이한 임시 중개시설물을 설치한 경우 등록관청
은 업무의 정지를 명할 수 없다.

20 공인중개사법령상 분사무소에 관한 설명으로 옳은 것은?

① 법인인 개업공인중개사는 주된 사무소가 소재하는 등록관청 관할구역 안에 분사무소를 둘 수 있다.

② 법인인 개업공인중개사는 분사무소설치신고확인서를 교부받고 업무개시 전까지 2억원 이상의 업무보증을 추가로 설정하여야 한다.

③ 다른 법률의 규정에 따라 중개업을 할 수 있는 법인의 분사무소에도 공인중개사를 책임자로 두어야 한다.

④ 분사무소 설치신고는 주된 사무소의 소재지를 관할하는 등록관청에 해야 한다.

⑤ 분사무소의 설치는 업무정지 기간 중에 있는 다른 개업공인중개사의 중개사무소를 공동으로 사용하는 방법으로도 할 수 있다.

21 공인중개사법령상 중개사무소의 이전신고에 관한 설명으로 옳은 것은?

① 중개사무소를 관할구역 외의 지역으로 이전한 때에는 이전한 날부터 10일 이내에 이전 전의 중개사무소를 관할하는 시장·군수 또는 구청장에 이전사실을 신고해야 한다.

② 분사무소를 관할구역 외의 지역으로 이전한 때에는 이전 후의 분사무소의 소재지를 관할하는 시장·군수 또는 구청장에 이전신고를 해야 한다.

③ 분사무소의 이전신고를 하려는 법인인 개업공인중개사는 분사무소설치신고확인서를 첨부해야 한다.

④ 분사무소의 이전신고를 받은 등록관청은 지체 없이 이를 이전 전 또는 이전 후의 소재지를 관할하는 시장·군수 또는 구청장에게 통보하면 된다.

⑤ 중개사무소를 등록관청의 관할구역 외의 지역으로 이전한 경우, 그 이전신고 전에 발생한 사유로 인한 개업공인중개사에 대한 행정처분은 종전의 등록관청이 행한다.

22 공인중개사법령상 공인중개사인 개업공인중개사가 중개사무소를 등록관청의 관할구역 외의 지역으로 이전한 경우에 관한 설명으로 옳은 것을 모두 고른 것은?

> ㉠ 이전신고를 받은 이전 후의 등록관청은 중개사무소등록증에 변경사항을 적어 교부할 수 없고, 재교부해야 한다.
> ㉡ 건축물대장에 기재되지 않은 건물로 이전신고를 한 경우, 건축물대장에 기재가 된 후에 지체 없이 건축물대장을 제출해야 한다.
> ㉢ 최근 1년간의 행정처분 및 행정처분절차가 진행 중인 경우 그 관련서류는 이전 전의 등록관청이 이전 후의 등록관청에게 송부하는 서류에 해당한다.
> ㉣ 중개사무소등록증이 재교부되더라도 재교부에 따른 수수료를 납부하지 않는다.
> ㉤ 등록관청은 중개사무소의 이전신고를 받은 때에는 그 사실을 다음 달 10일까지 공인중개사협회에 통보해야 한다.

① ㉠, ㉤   ② ㉡, ㉣   ③ ㉣, ㉤
④ ㉠, ㉢, ㉤   ⑤ ㉠, ㉡, ㉢, ㉣, ㉤

23 공인중개사법령상 사무소 명칭과 성명표기에 관한 설명으로 옳은 것은? (다른 법률에 따라 중개업을 할 수 있는 경우는 제외함)

① 공인중개사 자격이 없는 개인인 개업공인중개사는 사무소의 명칭에 "공인중개사사무소"라는 문자를 사용할 수 있다.
② 법인인 개업공인중개사는 사무소의 명칭에 "공인중개사사무소" 또는 "부동산중개"라는 문자를 사용해야 한다.
③ 시·도지사는 사무소의 명칭을 위반한 사무소 간판의 철거를 명하였음에도 이를 철거하지 않는 경우 「행정대집행법」에 따라 대집행할 수 있다.
④ 개업공인중개사는 옥외광고물에 등록번호와 연락처를 표기해야 한다.
⑤ 법인인 개업공인중개사가 분사무소의 벽면이용간판을 설치하는 경우 법인의 대표자 성명을 인식할 수 있는 정도의 크기로 표기해야 한다.

24 공인중개사법령상 중개대상물의 표시 · 광고에 관한 설명으로 옳은 것은?

① 소속공인중개사는 의뢰받은 중개대상물에 대하여 소속공인중개사의 명의로 표시 · 광고를 할 수 있다.

② 개업공인중개사가 인터넷을 이용하여 건축물에 대한 표시 · 광고를 하는 때에는 총 층수를 명시하여야 하지만, 중개사무소의 명칭, 소재지, 연락처, 개업공인중개사의 성명은 명시하지 않아도 된다.

③ 개업공인중개사가 중개대상물의 가격 등 내용을 사실과 다르게 거짓으로 표시 · 광고를 한 경우 500만원 이하의 과태료를 부과한다.

④ 중개대상물에 대하여 표시 · 광고를 하면서 등록번호를 명시하지 아니한 개업공인중개사를 신고한 자는 포상금 지급대상자에 해당한다.

⑤ 중개대상물 선택에 중요한 영향을 미칠 수 있는 사실을 빠뜨리거나 은폐 · 축소하는 등의 방법으로 소비자를 속이는 표시 · 광고를 한 개업공인중개사를 신고한 자는 포상금 지급대상자에 해당한다.

25 공인중개사법령에 관한 내용으로 옳은 것은?

① 중개사무소의 개설등록을 하지 않은 공인중개사는 "부동산중개"라는 명칭을 사용할 수 있다.

② 개업공인중개사가 아닌 자가 사무소 간판에 "공인중개사사무소"의 명칭을 사용한 경우 등록관청은 그 간판의 철거를 명할 수 있다.

③ 공공기관, 정부출연연구기관은 모니터링 기관이 될 수 없다.

④ 모니터링 기관은 기본 모니터링 업무를 수행하려면 모니터링 기본계획서를 매 분기 시작 전까지 국토교통부장관에게 제출해야 한다.

⑤ 모니터링 기관은 기본 모니터링 업무를 수행한 후 해당 업무에 따른 결과보고서를 매 분기의 마지막 날부터 15일 이내에 국토교통부장관에게 제출해야 한다.

26 공인중개사법령상 인장등록에 관한 설명으로 옳은 것은?

① 개업공인중개사의 인장이 등록관청에 등록되어 있으면 소속공인중개사의 인장은 소속공인중개사의 업무개시 후에 등록해도 된다.

② 분사무소에서 사용할 인장의 경우 「상업등기규칙」 제35조 제3항에 따라 분사무소책임자가 보증하는 인장을 등록할 수 있다.

③ 법인인 개업공인중개사의 인장등록은 「상업등기규칙」에 따른 인감증명서의 제출로 갈음할 수 없다.

④ 소속공인중개사는 주민등록표에 기재된 성명이 나타난 인장으로서 가로 10mm, 세로 20mm인 인장을 등록할 수 있다.

⑤ 등록한 인장을 변경한 경우 변경일부터 7일 이내에 그 변경된 인장을 등록관청에 등록해야 한다. 인장의 변경등록은 전자문서에 의한 방법으로 할 수 없다.

27 공인중개사법령상 휴업 또는 폐업에 관한 설명으로 옳은 것은?

① 관할 세무서장이 「부가가치세법 시행령」에 따라 공인중개사법령상의 휴업신고서를 함께 받아 이를 해당 등록관청에 송부한 경우에도 등록관청에 별도로 휴업신고서를 제출해야 한다.

② 개업공인중개사가 휴업신고한 중개업을 재개하고자 하는 경우, 휴업한 중개업의 재개 후 지체 없이 재개신고를 해야 한다.

③ 법인인 개업공인중개사의 분사무소는 주된 사무소와 별도로 휴업할 수 없다.

④ 휴업기간 중에 있는 개업공인중개사는 다른 개업공인중개사의 소속공인중개사가 될 수 있다.

⑤ 중개사무소재개신고를 받은 등록관청은 반납받은 중개사무소등록증 또는 신고확인서를 즉시 반환해야 한다.

28 공인중개사법령상 휴업과 폐업에 관한 설명으로 옳은 것은?

① 3개월 이하의 휴업을 하면서 신고하지 아니한 경우 과태료처분을 받을 수 있다.

② 임신 또는 출산을 이유로 하는 휴업은 6개월을 초과할 수 있다.

③ 휴업기간 변경신고와 재개신고는 전자문서에 의한 방법으로 할 수 없다.

④ 등록관청에 휴업사실을 신고한 경우 지체 없이 사무소의 간판을 철거해야 한다.

⑤ 신고한 휴업기간이 만료된 후에는 별도의 재개신고 없이 휴업한 중개업을 재개할 수 있다.

29 공인중개사법령상 중개계약에 관한 설명으로 옳은 것은?

① 중개의뢰인은 개업공인중개사에게 일반중개계약서의 작성을 요청할 수 있다. 다만, 거래예정가격에 대한 중개보수는 일반중개계약서의 필수적 기재사항이 아니다.

② '희망물건'은 권리취득용 일반중개계약서 표준서식의 필수적 기재사항이 아니다.

③ 국토교통부장관이 일반중개계약의 표준이 되는 서식을 정하고 있으므로, 개업공인중개사는 그 서식을 반드시 사용해야 한다.

④ 개업공인중개사가 국토교통부령이 정하는 계약서에 의하지 않고 전속중개계약을 체결한 경우, 개설등록을 취소할 수 있다.

⑤ 일반중개계약서 표준서식에는 개업공인중개사가 중개대상물의 확인·설명의무를 이행하는 데 중개의뢰인이 협조해야 함을 명시하고 있다.

30 공인중개사법령상 전속중개계약에 관한 설명으로 옳은 것은?

① 전속중개계약을 체결한 중개의뢰인이 그 유효기간 내에 다른 개업공인중개사에게 중개를 의뢰하여 거래한 경우, 중개의뢰인은 그가 지급하여야 할 중개보수에 해당하는 금액을 개업공인중개사에게 위약금으로 지급할 의무가 있다.

② 중개의뢰인이 전속중개계약의 유효기간 내에 스스로 발견한 상대방과 직접 거래한 경우, 중개의뢰인은 개업공인중개사에게 중개보수의 50%를 지급할 의무가 있다.

③ 전속중개의뢰를 받은 소속공인중개사가 전속중개계약서를 작성하지 않으면 자격정지사유에 해당한다.

④ 전속중개계약을 체결한 개업공인중개사는 부동산거래정보망에 중개대상물의 정보를 공개할 경우, 권리자의 주소·성명을 공개해야 한다.

⑤ 전속중개계약을 체결한 개업공인중개사는 중개의뢰인에게 1주일에 2회 이상 중개업무처리 상황을 문서로 통지해야 한다.

31 주택의 매도의뢰인과 전속중개계약을 체결한 개업공인중개사가 공인중개사법령상 공개해야 하는 중개대상물에 관한 정보에 해당하는 것을 모두 고른 것은? (중개의뢰인이 비공개를 요청하지 않은 경우임)

> ㉠ 공법상의 이용제한 및 거래규제에 관한 사항, 토지이용계획
> ㉡ 임차인·저당권자의 주소·성명 등 인적 사항에 관한 정보
> ㉢ 일조(日照)·소음·진동 등 환경조건
> ㉣ 수도·전기·가스·소방·열공급·승강기 설비, 오수·폐수·쓰레기 처리 시설 등의 상태
> ㉤ 시장·학교 등과의 근접성
> ㉥ 공시지가

① ㉠, ㉢　　　　　　② ㉡, ㉥　　　　　　③ ㉢, ㉣, ㉤
④ ㉢, ㉣, ㉤, ㉥　　　⑤ ㉠, ㉢, ㉣, ㉤, ㉥

32 공인중개사법령상 부동산거래정보망에 관한 설명으로 옳은 것은?

① 부동산거래정보망을 설치·운영할 자로 지정받으려는 자는 신청서류를 국토교통부장관에게 제출하여야 한다.

② 부동산거래정보망을 설치·운영할 자로 지정받으려는 자는 가입·이용신청을 한 공인중개사의 수가 500명 이상이고, 2개 이상의 특별시·광역시·도 및 특별자치도에서 각각 30명 이상의 공인중개사가 가입·이용신청을 해야 한다.

③ 거래정보사업자가 정당한 사유 없이 지정받은 날부터 1년 이내에 부동산거래정보망을 설치·운영하지 아니한 경우에는 그 지정을 취소해야 한다.

④ 거래정보사업자는 개업공인중개사로부터 의뢰받은 중개대상물의 정보뿐민 아니라 의뢰인의 이익을 위해 직접 조사한 중개대상물의 정보도 부동산거래정보망에 공개할 수 있다.

⑤ 거래정보사업자는 해당 중개대상물의 거래가 완성된 때에는 지체 없이 이를 개업공인중개사에게 통보해야 한다.

33 개업공인중개사의 행위 중 「공인중개사법」 제33조 제1항의 금지행위에 해당하는 것은? (다툼이 있으면 판례에 따름)

① 매도의뢰인을 대리하여 다른 사람과 중개대상물의 매매계약을 체결하는 행위

② 공매 대상 부동산에 대해서 취득의 알선을 하고 법정 중개보수의 한도를 초과하여 보수를 받은 행위

③ 무허가 건축물의 매매를 중개하는 행위

④ 상가의 분양대행을 하면서 주택 외의 중개대상물에 대한 법정 중개보수의 한도를 초과하여 금품을 받은 행위

⑤ 다른 개업공인중개사의 중개로 중개의뢰인과 거래하는 행위

34 「공인중개사법」상 개업공인중개사 등의 금지행위에 해당하지 <u>않는</u> 것은? (다툼이 있으면 판례에 따름)

① 개업공인중개사가 아파트 분양권의 매매를 업으로 하는 행위

② 개업공인중개사가 임차인이 남편이라는 사실을 집주인에게 알리지 않고 남편 명의로 중개의뢰인과 전세계약을 체결한 행위

③ 개업공인중개사가 부당한 이익을 얻을 목적으로 거짓으로 거래가 완료된 것처럼 꾸미는 행위

④ 개업공인중개사가 중개의뢰인인 소유자로부터 거래에 관한 대리권을 수여 받은 대리인과 직접 거래한 행위

⑤ 개업공인중개사가 상가 분양계약서의 매매를 중개하는 행위

35 「공인중개사법」상 누구든지 개업공인중개사 등의 업무를 방해해서는 아니 되는 행위가 <u>아닌</u> 것은?

① 안내문, 온라인 커뮤니티 등을 이용하여 특정 개업공인중개사 등에 대한 중개의뢰를 제한하거나 제한을 유도하는 행위

② 안내문, 온라인 커뮤니티 등을 이용하여 중개대상물에 대하여 시세보다 현저하게 높게 표시·광고 또는 중개하는 특정 개업공인중개사 등에게만 중개의뢰를 하도록 유도함으로써 다른 개업공인중개사 등을 부당하게 차별하는 행위

③ 개업공인중개사 등에게 중개대상물을 시세보다 현저하게 높게 표시·광고하도록 강요하거나 대가를 약속하고 시세보다 현저하게 높게 표시·광고하도록 유도하는 행위

④ 개업공인중개사 등의 중개대상물에 대한 정당한 표시·광고 행위를 방해하는 행위

⑤ 단체를 구성하여 특정 중개대상물에 대하여 중개를 제한하거나 단체 구성원 이외의 자와 공동중개를 제한하는 행위

36 개업공인중개사가 중개를 의뢰받아 공인중개사법령상 중개대상물의 확인·설명을 하는 경우에 관한 설명으로 옳은 것은?

① 개업공인중개사는 중개가 완성되어 거래계약서를 작성하는 때에는 확인·설명 사항을 확인하여 이를 해당 중개대상물에 관한 권리를 취득하고자 하는 중개의뢰인에게 설명해야 한다.

② 소유권·전세권·저당권·임차권·유치권 등 중개대상물의 권리관계에 관한 사항은 개업공인중개사가 확인·설명해야 할 사항이다.

③ 개업공인중개사가 성실·징확하게 중개대상물의 확인·설명을 하지 아니하면 업무정지사유에 해당한다.

④ 개업공인중개사는 거래계약서를 작성하는 때에는 중개대상물 확인·설명서를 작성하여 거래당사자에게 교부하고, 3년 동안 중개대상물 확인·설명서 사본으로만 보존하여야 한다.

⑤ 소속공인중개사가 중개하여 작성한 중개대상물 확인·설명서에 개업공인중개사가 서명 및 날인한 경우, 소속공인중개사는 서명 및 날인하지 않아도 된다.

37 공인중개사법령상 개업공인중개사의 중개대상물 확인·설명에 관한 설명으로 옳은 것은?

① 개업공인중개사는 주택의 매매계약을 체결하려는 중개의뢰인에게 확정일자 부여기관에 정보제공을 요청할 수 있다는 사항과 임대인이 납부하지 아니한 국세 및 지방세의 열람을 신청할 수 있다는 사항을 설명해야 한다.

② 개업공인중개사는 중개대상물의 상태에 관한 자료요구에 매도의뢰인이 불응한 경우, 그 사실을 매수의뢰인에게 설명하였다면 중개대상물 확인·설명서에 기재하지 않아도 된다.

③ 중개대상물 확인·설명서에는 개업공인중개사가 서명 또는 날인하되, 해당 중개행위를 한 소속공인중개사가 있는 경우에는 소속공인중개사가 함께 서명 또는 날인해야 한다.

④ 중개가 완성된 후 개업공인중개사가 중개대상물 확인·설명서를 작성하여 교부하지 아니한 경우 업무정지사유에 해당한다.

⑤ 중개가 완성된 후 소속공인중개사가 중개대상물 확인·설명서를 작성하여 교부하지 아니한 경우 자격정지사유에 해당한다.

38 **공인중개사법령상 거래계약서의 작성에 관한 설명으로 옳은 것은?**

① 분사무소에서 중개행위를 한 소속공인중개사는 거래계약서를 작성할 수 있고, 이 경우 서명 및 날인은 소속공인중개사만 하면 된다.

② 개업공인중개사의 중개로 거래계약이 체결된 때에 거래당사자의 요청이 있는 경우 거래당사자의 성명을 기재하지 않아도 된다.

③ 거래계약서에는 '중개대상물 확인·설명서의 교부일자'를 반드시 기재하지 않아도 된다.

④ 개업공인중개사가 거래계약서에 거래내용을 거짓으로 기재한 경우 등록관청은 중개사무소의 개설등록을 취소할 수 있다.

⑤ 거래계약서의 표준서식은 「공인중개사법 시행규칙」에서 정하고 있다.

39 **공인중개사법령상 개업공인중개사의 손해배상책임 등에 관한 설명으로 옳은 것은?**

① 중개의뢰인에 대한 손해배상책임을 보장하기 위한 업무보증의 설정은 중개사무소등록증을 교부받은 후에 해야 한다.

② 다른 법률의 규정에 따라 중개업을 할 수 있는 자가 부동산중개업을 하는 때에는 1천만원 이상의 업무보증을 설정해야 한다.

③ 개업공인중개사는 중개사고가 발생하면 거래당사자에게 손해배상책임의 보장에 관한 사항을 설명하거나 보증관계증서 사본(전자문서 포함)을 교부해야 한다.

④ 개업공인중개사는 가입한 보증보험의 보증금액을 초과하는 손해에 대해서만 책임을 진다.

⑤ 개업공인중개사가 보증보험금·공제 또는 공탁금으로 손해배상을 한 때에는 15일 이내에 보증보험 또는 공제에 다시 가입하거나 공탁금 중 부족하게 된 금액을 보전해야 한다.

40 공인중개사법령상 계약금 등의 반환채무이행의 보장에 관한 설명으로 옳은 것은?

① 계약금 등의 예치는 거래계약이 체결될 때까지로 한다.

② 계약금 등을 예치하는 경우 「우체국예금·보험에 관한 법률」에 관한 법률에 따른 체신관서 명의로 공제사업을 하는 공인중개사협회에 예치할 수 있다.

③ 개업공인중개사는 계약금 등의 반환채무이행 보장을 위해 실비가 소요된 경우 별도의 약정이 없는 한 매도인·임대인 등 권리이전의뢰인에게 그 실비를 청구할 수 있다.

④ 개업공인중개사가 자기 명의로 예치한 경우 예치된 계약금 등을 자기 소유의 예치금과 분리하여 관리하지 아니한 경우 100만원 이하의 과태료를 부과한다.

⑤ 개업공인중개사가 자기 명의로 예치한 경우 거래당사자에게 계약금 등을 지급할 것을 보장하기 위하여 예치한 금액과 관계없이 2억원의 보증보험, 공제에 가입하거나 공탁을 하여야 한다.

41 공인중개사법령상 중개보수에 관한 설명으로 옳은 것은?

① 개업공인중개사와 중개의뢰인 간에 중개보수의 지급시기의 약정이 없을 때는 거래계약이 체결된 날로 한다.

② 주택의 중개에 대한 보수는 국토교통부령이 정하는 범위 안에서 시·군의 조례로 정한다.

③ 주택 외의 중개대상물의 소재지와 중개사무소 소재지가 다른 경우 중개사무소 소재지 시·도의 조례에서 정한 기준에 따라 중개보수를 받는다.

④ 개업공인중개사의 고의 또는 과실로 인하여 중개의뢰인 간의 거래행위가 무효·취소 또는 해제된 경우 중개보수청구권은 소멸한다.

⑤ 동일한 중개대상물에 대하여 동일한 당사자 간에 매매와 임대차가 동일 기회에 이루어지는 경우, 임대차계약의 거래금액만을 기준으로 중개보수를 산정한다.

42 공인중개사법령상 개업공인중개사의 중개보수에 관한 설명으로 옳은 것은? (다툼이 있으면 판례에 따름)

① 주택인 중개대상물의 소재지와 중개사무소의 소재지가 다른 경우 중개대상물의 소재지를 관할하는 시·도의 조례에서 정한 기준에 따라 중개보수와 실비를 받아야 한다.

② 상가의 임대차에 있어서의 중개보수 산정함에 있어 권리금과 보증금을 합산하여 거래금액으로 한다.

③ 아파트 분양권의 경우 중개보수 산정시 총 분양가에 프리미엄을 더한 금액을 거래금액으로 한다.

④ 중개대상물인 건축물 중 주택의 면적이 2분의 1 미만인 경우에는 주택에 관한 규정을 적용한다.

⑤ 전용면적이 85m^2 이하이고, 상·하수도 시설이 갖추어진 전용입식 부엌, 전용수세식 화장실 및 목욕시설을 갖춘 오피스텔의 임대차에 대한 중개보수의 상한 요율은 거래금액의 1천분의 4이다.

43 개업공인중개사가 Y시 소재 전용면적 65m^2 오피스텔에 대하여 동일 당사자 사이의 매매와 임대차를 동일 기회에 중개하는 경우와 Y시 소재 주택에 대하여 동일 당사자 사이의 매매와 임대차를 동일 기회에 중개하는 경우, 일방 당사자로부터 받을 수 있는 중개보수의 최고한도액의 합산액은? (오피스텔은 건축법령상 업무시설로 상·하수도 시설이 갖추어진 전용입식 부엌, 전용수세식 화장실 및 목욕시설을 갖춤)

1. 甲(매도인, 임차인), 乙(매수인, 임대인)
2. 매매대금 : 1억 9천만원
3. 임대보증금 : 2천만원, 월차임 : 20만원
4. 임대기간 : 1년
5. Y시 조례로 정한 주택매매 및 임대차 중개보수의 기준
   1) 매도금액 5천만원 이상 2억원 미만 : 상한요율 0.5%(한도액 80만원)
   2) 보증금액 5천만원 미만 : 상한요율 0.5%(한도액 20만원)

① 80만원 ② 95만원 ③ 160만원
④ 175만원 ⑤ 190만원

44 공인중개사법령상 공인중개사협회에 관한 설명으로 옳은 것은?

① 협회에 관하여 공인중개사법령에 규정된 것 외에는 「민법」 중 비법인사단에 관한 규정을 적용한다.

② 협회는 회원 600명 이상이 발기인이 되어 정관을 작성하여 창립총회의 의결을 거친 후 국토교통부장관의 인가를 받아 그 주된 사무소의 소재지에서 설립등기를 함으로써 성립한다.

③ 협회는 정관이 정하는 바에 따라 광역시에 지부를 둘 수 있다.

④ 협회가 지회를 설치하고자 하는 때에는 등록관청에 신고해야 한다.

⑤ 협회는 총회의 의결내용을 30일 이내에 국토교통부장관에게 보고해야 한다.

45 공인중개사법령상 공인중개사협회에 관한 설명으로 옳은 것은?

① 협회는 재무건전성기준이 되는 지급여력비율을 100분의 10 이상으로 유지해야 한다.

② 운영위원회의 위원은 국토교통부장관이 위촉한다.

③ 운영위원회의 회의는 재적위원 과반수의 출석으로 개의(開議)하고, 출석위원 과반수의 찬성으로 심의사항을 의결한다.

④ 운영위원회 위원장이 직무를 할 수 없는 경우 위원장이 미리 지명한 위원이 직무를 대행한다.

⑤ 운영위원회는 간사 1명을 위원장이 지명한다. 그러나 서기는 없어도 된다.

46 공인중개사법령상 개업공인중개사 등의 교육에 관한 설명으로 옳은 것은?

① 공인중개사가 중개사무소의 개설등록을 신청하려는 경우, 등록신청일 전 1년 이내에 국토교통부장관이 실시하는 실무교육을 받아야 한다.

② 고용관계 종료 신고 후 1년 이내에 다시 중개보조원으로 고용신고의 대상이 된 자는 시·도지사 또는 등록관청이 실시하는 직무교육을 받지 않아도 된다.

③ 중개사무소의 개설등록을 신청하려는 공인중개사는 12시간 이상 16시간 이하의 실무교육을 받아야 한다.

④ 실무교육을 실시하려는 경우 교육실시기관은 교육일 7일 전까지 교육의 일시·장소·내용 등을 대상자에게 통지해야 한다.

⑤ 실무교육 또는 연수교육을 받은 후 2년이 되기 2주일 전까지 연수교육의 일시·장소·내용 등을 교육대상자에게 통지하여야 한다.

47 공인중개사법령상 연수교육에 관한 설명으로 옳은 것은?

① 연수교육은 실무교육을 받은 개업공인중개사 및 소속공인중개사가 연수교육의 대상자이다. 그러나 중개보조원은 연수교육의 대상자에 해당하지 않는다.

② 연수교육을 받은 개업공인중개사 및 소속공인중개사는 연수교육을 다시 받지 않아도 된다.

③ 연수교육은 시·도지사 또는 등록관청이 실시권자이다.

④ 정당한 사유 없이 연수교육을 받지 아니한 소속공인중개사는 자격정지처분을 받을 수 있다.

⑤ 연수교육에 대해서는 업무위탁이 인정되지 않는다.

48 공인중개사법령상 포상금에 관한 설명으로 옳은 것은?

① 포상금은 1건당 50만원으로 한다.

② 포상금의 지급에 소요되는 비용은 1건당 50만원까지 국고에서 보조할 수 있다.

③ 등록관청은 중개보조원에 관한 사항을 명시하여 표시·광고를 한 개업공인중개사를 신고한 자에 대하여 포상금을 지급할 수 있다.

④ 포상금지급신청서를 제출받은 등록관청은 신청서를 접수한 날부터 1개월 이내에 포상금을 지급해야 한다.

⑤ 하나의 사건에 대하여 2건 이상의 신고가 접수된 경우에는 포상금을 균등하게 배분하여 지급한다.

49 공인중개사법령상 甲, 乙, 丙이 받을 수 있는 포상금의 최대금액은?

- 甲은 폐업신고 후 중개업을 한 A에 대해서 등록관청에 신고를 하였다. A는 검사로부터 기소유예처분을 받았다.
- 乙은 거짓으로 중개사무소 개설등록을 한 B에 대해서 수사기관에 고발을 하였다. B는 공소제기된 후 무죄판결을 받았다.
- 甲은 중개사무소등록증을 양도한 C에 대해서 등록관청에 신고를 하였고, 그 뒤에 丙은 등록관청에 C를 신고하였다. C는 공소제기된 후 유죄판결을 받았다.
- 丙은 미등기 전매를 중개하는 등 부동산투기를 조장하는 행위를 한 D에 대해서 등록관청에 신고를 하였다. D는 공소제기된 후 유죄판결을 받았다.
- 甲과 乙은 단체를 구성하여 특정 중개대상물에 대한 중개를 제한한 E에 대해서 공동으로 수사기관에 고발을 하였다. 포상금은 甲이 5분의 2, 乙이 5분의 3을 받기로 하였다. E는 검사로부터 기소유예처분을 받았다.
- 乙은 중개대상물의 가격 등 내용을 사실과 다르게 거짓으로 표시·광고를 한 개업공인중개사 F에 대해서 등록관청에 신고를 하였고, F는 과태료처분을 받았다.
- 丙은 온라인 커뮤니티를 이용하여 특정 개업공인중개사에 대한 중개의뢰를 제한하는 행위를 한 G를 수사기관에 고발을 하였다. G는 검사로부터 무혐의불기소처분을 받았다.
- A, B, C, D, E, F, G에 대해서 행정기관에 발각되기 전에 등록관청 또는 수사기관에 신고 또는 고발을 하였다.

甲 :   乙 :   丙 :

50 부동산 거래신고 등에 관한 법령상 포상금에 관한 설명으로 옳은 것은?

① 부동산 등의 실제 거래가격을 거짓으로 신고한 자를 신고한 경우에 부과되는 과태료의 100분의 30에 해당하는 금액을 포상금으로 지급한다. 이 경우 지급한도액은 1천만원으로 한다.

② 포상금의 지급에 드는 비용은 지급되는 포상금의 100분의 50 범위 안에서 국고에서 보조할 수 있다.

③ 공무원이 직무와 관련하여 발견한 사실을 신고하거나 고발한 경우 포상금을 지급하지 아니할 수 있다.

④ 하나의 위반행위에 대하여 2명 이상이 공동으로 신고 또는 고발한 경우에는 최초로 신고 또는 고발한 사람에게 포상금을 지급한다.

⑤ 하나의 위반행위에 대하여 2명 이상이 각각 신고 또는 고발한 경우에는 포상금을 균등하게 배분하여 지급한다. 다만, 포상금을 지급받을 사람이 배분방법에 관하여 미리 합의하여 포상금의 지급을 신청한 경우에는 그 합의된 방법에 따라 지급한다.

51 공인중개사법령상 해당 지방자치단체의 조례가 정하는 바에 따라 수수료를 납부하는 것에 해당하는 것은 모두 몇 개인가?

- 시·도지사가 시행하는 자격시험에 응시하는 자
- 국토교통부장관이 시행하는 자격시험에 응시하는 자
- 산업인력공단에서 시행하는 자격시험에 응시하는 자
- 분사무소 설치신고를 하는 자
- 중개사무소등록증의 재교부를 신청하는 자
- 공인중개사 자격시험에 합격하여 공인중개사자격증을 처음으로 교부받은 자

① 1개　　② 2개　　③ 3개　　④ 4개　　⑤ 5개

52 공인중개사법령상 부동산거래질서교란행위 신고센터(이하 "신고센터")에 관한 설명으로 옳은 것은?

① 국토교통부장관은 신고센터의 업무를 등록관청에 위탁한다.

② 개업공인중개사가 부득이한 사유 없이 6개월 초과 휴업을 한 행위는 부동산 거래질서교란행위에 해당한다.

③ 신고센터는 신고사항의 사실관계를 확인한 결과 부동산거래질서교란행위에 해당하는 경우, 시·도지사 및 등록관청 등에 조사 및 조치를 요구하여야 한다.

④ 신고센터는 신고내용이 이미 수사기관에서 수사 중이거나 재판에 계속 중이거나 법원의 판결에 의해 확정된 경우에 국토교통부장관의 승인 없이 신고사항의 처리를 종결할 수 있다.

⑤ 신고센터는 매월 10일까지 직전 달의 신고사항 접수 및 처리 결과 등을 공인중개사협회에 통보하여야 한다.

53 공인중개사법령상 중개업무를 수행한 소속공인중개사의 자격정지에 관한 설명으로 옳은 것은?

① 거래계약서에 서명 및 날인을 하지 아니한 경우 자격정지사유에 해당한다.

② 중개대상물 확인·설명서를 교부하지 아니한 경우 자격정지사유에 해당한다.

③ 둘 이상의 중개사무소에 소속된 경우는 시행규칙 별표 3에 따라 자격정지기간이 3개월이다.

④ 시장·군수 또는 구청장은 공인중개사의 자격을 정지할 수 있다.

⑤ 자격정지기간은 2분의 1의 범위 안에서 가중 또는 감경할 수 있고, 가중하는 경우 6개월을 초과할 수 있다.

54 공인중개사법령상 공인중개사의 자격취소에 관한 설명으로 옳은 것은?

① 부정한 방법으로 공인중개사의 자격을 취득한 경우 자격취소사유에 해당하며, 3년 이하의 징역 또는 3천만원 이하의 벌금에 처한다.

② 시·도지사는 자격증 대여를 이유로 자격을 취소하고자 하는 경우 청문을 실시해야 한다.

③ 시·도지사는 자격취소처분을 한 때에는 지체 없이 이를 다른 시·도지사에게 통보해야 하고, 5일 이내에 국토교통부장관에게 통보해야 한다.

④ 자격취소처분을 받아 자격증을 반납하고자 하는 자는 그 처분을 받은 날부터 10일 이내에 반납해야 한다.

⑤ 자격이 취소된 자는 중개사무소의 소재지를 관할하는 시·도지사에게 그 자격증을 반납해야 한다.

55 공인중개사법령상 공인중개사 자격·자격증, 중개사무소등록증에 관한 설명으로 옳은 것은? (다툼이 있으면 판례에 따름)

① 자격취소처분은 공인중개사를 대상으로, 자격정지처분은 소속공인중개사를 대상으로 한다.

② 자격증을 교부한 시·도지사와 공인중개사 사무소의 소재지를 관할하는 시·도지사가 다른 경우, 자격증을 교부한 시·도지사가 자격취소처분에 필요한 절차를 모두 이행한 후 공인중개사 사무소의 소재지를 관할하는 시·도지사에게 통보해야 한다.

③ 공인중개사가 자기 명의로 개설등록을 마친 후 무자격자에게 중개사무소의 경영에 관여하게 하고 이익을 분배하였다면 그 무자격자에게 부동산거래 중개행위를 하도록 한 것이 아니라 하더라도 자격증 대여행위에 해당한다.

④ 개업공인중개사가 중개사무소등록증을 타인에게 대여한 경우 공인중개사 자격취소사유에 해당한다.

⑤ 공인중개사가 공인중개사의 직무와 관련하여 사기죄로 징역형을 선고받은 경우 공인중개사 자격취소사유에 해당하지 아니한다.

56 공인중개사법령상 개업공인중개사의 다음 행위 중에서 중개사무소의 개설등록을 반드시 취소해야 하는 것은?

① 다른 사람에게 자기의 성명 또는 상호를 사용하여 중개업무를 하게 한 경우
② 중개사무소의 개설등록을 하지 아니하고 중개업을 영위하는 자임을 알면서 그에게 자기의 명의를 이용하게 하는 행위를 한 경우
③ 거래계약서에 거래내용을 거짓으로 기재한 경우
④ 등록기준에 미달하게 된 경우
⑤ 「공인중개사법」에 의한 손해배상책임을 보장하기 위한 조치를 이행하지 아니하고 업무를 개시한 경우

57 공인중개사법령상 개업공인중개사에게 업무정지를 명할 수 있는 경우를 모두 고른 것은?

> ㉠ 최근 1년 이내에 「공인중개사법」에 의하여 초과보수 금지행위를 1회 위반한 경우
> ㉡ 최근 1년 이내에 「공인중개사법」에 의하여 2회 업무정지처분을 받고 다시 중개대상물 확인 · 설명서를 교부하지 않은 경우
> ㉢ 최근 1년 이내에 「공인중개사법」에 의하여 1회 업무정지처분, 1회 과태료처분을 받고 다시 과태료처분에 해당하는 행위를 한 경우
> ㉣ 최근 1년 이내에 「공인중개사법」에 의하여 1회 과태료처분을 받고 다시 과태료처분에 해당하는 행위를 한 경우
> ㉤ 최근 1년 이내에 「공인중개사법」에 의하여 2회 업무정지처분, 1회 과태료처분을 받고 다시 업무정지처분에 해당하는 행위를 한 경우

① ㉠
② ㉠, ㉢
③ ㉡, ㉤
④ ㉠, ㉡, ㉢
⑤ ㉡, ㉣, ㉤

58 공인중개사법령상 중개사무소의 개설등록을 반드시 취소해야 하는 경우가 <u>아닌</u> 것은?

① 개업공인중개사가 2024년 5월에 업무정지처분을 받고, 동년 9월에 과태료처분을 받고, 동년 12월에 업무정지처분을 받고, 2025년 7월에 업무정지처분에 해당하는 행위를 한 경우

② 개업공인중개사가 다른 개업공인중개사의 소속공인중개사가 된 경우

③ 개업공인중개사가 직접거래 금지행위를 해서 300만원의 벌금형을 선고받아 확정된 경우

④ 개업공인중개사가 횡령죄로 징역형을 선고받아 확정된 경우

⑤ 개업공인중개사가 최근 1년 이내에 「공인중개사법」에 의하여 3회 업무정지처분을 받고 다시 업무정지처분에 해당하는 행위를 한 경우

59 공인중개사법령상 개업공인중개사에 대한 업무정지처분에 관한 설명으로 옳은 것은?

① 등록관청이 업무정지처분을 하고자 하는 경우 청문을 실시해야 한다.

② 등록관청은 법인인 개업공인중개사에 대하여는 법인 또는 분사무소별로 업무의 정지를 명할 수 있다.

③ 위반행위가 둘 이상인 경우에는 가장 무거운 처분기준의 2분의 1의 범위에서 가중한다. 가중하는 경우에는 총 업무정지기간은 6개월을 넘을 수 있다.

④ 업무정지처분을 받은 자는 중개사무소등록증을 반납해야 한다.

⑤ 업무정지처분은 그 사유가 발생한 날부터 1년이 지난 때에는 이를 할 수 없다.

60 공인중개사법령상 개업공인중개사에 대한 업무정지처분에 관한 설명으로 옳은 것은?

① 광역시장은 개업공인중개사에게 업무정지처분을 할 수 있다.

② 업무정지기간을 늘리는 경우, 그 기간은 1년을 한도로 한다.

③ 폐업신고 전에 개업공인중개사에게 한 업무정지처분의 효과는 처분일부터 3년간 다시 개설등록을 한 자에게 승계된다.

④ 개업공인중개사의 소속공인중개사 또는 중개보조원이 등록의 결격사유에 해당하게 된 경우, 등록관청은 업무정지처분을 할 수 있다. 다만, 그 사유가 발생한 날부터 3개월 이내에 해소한 경우에는 그러하지 아니하다.

⑤ 개업공인중개사가 부동산거래정보망에 중개대상물에 관한 정보를 거짓으로 공개한 경우, 별표 4의 업무정지의 기준에 따른 업무정지기간은 6개월이다.

61 개업공인중개사 甲, 乙, 丙, 丁에 대한 「공인중개사법」 제40조(행정제재처분효과의 승계 등)의 적용에 관한 설명으로 옳은 것을 모두 고른 것은?

> ㉠ 甲이 2024년 7월 5일에 「공인중개사법」에 따른 과태료처분을 받았으나 2025년 2월 6일에 폐업신고를 하였다가 2025년 5월 4일에 다시 중개사무소의 개설등록을 하였다면, 위 과태료처분의 효과는 승계된다.
> ㉡ 乙이 2024년 7월 6일에 「공인중개사법」에 따른 업무정지처분을 받았으나 2025년 3월 6일에 폐업신고를 하였다가 2025년 8월 5일에 다시 중개사무소의 개설등록을 하였다면, 위 업무정지처분의 효과는 승계된다.
> ㉢ 丙이 2024년 3월 6일에 업무정지처분에 해당하는 행위를 하였으나 2024년 7월 6일에 폐업신고를 하였다가 2025년 8월 5일에 다시 중개사무소의 개설등록을 하였다면, 종전의 위반행위에 대하여 업무정지처분을 할 수 있다.
> ㉣ 丁이 2022년 3월 6일에 절대적 등록취소처분에 해당하는 행위를 하였으나 2022년 7월 6일에 폐업신고를 하였다가 2025년 8월 5일에 다시 중개사무소의 개설등록을 하였다면, 종전의 위반행위에 대하여 등록취소처분을 하여야 한다.

① ㉠　　　　　② ㉠, ㉡　　　　　③ ㉢, ㉣

④ ㉡, ㉢, ㉣　　　　　⑤ ㉠, ㉡, ㉢, ㉣

62 공인중개사법령상 개업공인중개사인 甲에 대한 처분으로 옳음(○), 틀림(×)의 표기가 옳은 것은? (주어진 사례의 조건만 고려함)

> ㉠ 甲이 중개사무소등록증을 대여한 날부터 1개월 후 폐업신고를 하였고, 4년의 폐업기간이 지난 후 다시 개설등록을 하고 업무 개시를 한 경우, 위 대여행위를 이유로 등록취소처분을 할 수 없다.
> ㉡ 甲이 업무정지사유에 해당하는 거짓 보고를 한 날부터 1개월 후 폐업신고를 하였고, 2년의 폐업기간이 지난 후 다시 개설등록을 한 경우, 위 거짓 보고를 한 행위를 이유로 업무정지처분을 할 수 없다.
> ㉢ 甲이 중개사무소등록증을 대여한 날부터 3년이 지난 경우 甲에게 위 대여행위를 이유로 등록취소처분을 할 수 없다.
> ㉣ 甲이 업무정지사유에 해당하는 거짓 보고를 한 날부터 3년이 지난 경우, 거짓 보고를 이유로 업무정지처분을 할 수 없다.

① ㉠-(○), ㉡-(○), ㉢-(×), ㉣-(○)
② ㉠-(○), ㉡-(○), ㉢-(×), ㉣-(×)
③ ㉠-(×), ㉡-(×), ㉢-(×), ㉣-(×)
④ ㉠-(×), ㉡-(○), ㉢-(×), ㉣-(○)
⑤ ㉠-(×), ㉡-(×), ㉢-(×), ㉣-(○)

63 공인중개사법령상 1년 이하의 징역 또는 1천만원 이하의 벌금에 처해지는 경우가 <u>아닌</u> 것은?

① 공인중개사자격증을 대여를 알선한 경우
② 개업공인중개사가 아닌 자가 "공인중개사사무소"라는 명칭을 사용한 경우
③ 부당한 이익을 얻을 목적으로 거짓으로 거래가 완료된 것처럼 꾸미는 등 시세에 영향을 주는 행위를 한 경우
④ 개업공인중개사가 다른 사람에게 자기의 상호를 사용하여 중개업무를 하게 한 경우
⑤ 거래정보사업자가 개업공인중개사에 따라 정보가 차별적으로 공개되도록 한 경우

64 **공인중개사법령상 벌칙에 관한 설명으로 옳은 것은?**

① 무등록 중개업자에게 토지매매의 중개를 의뢰한 거래당사자는 무등록 중개업자와 공동정범으로 처벌된다.

② 「공인중개사법」에 의한 과태료의 부과기준은 국토교통부령으로 정한다.

③ 과태료 부과권자는 개별기준에 따른 과태료 금액의 2분의 1 범위에서 그 금액을 줄일 수 있다. 다만, 과태료를 체납하고 있는 위반행위자의 경우에는 그렇지 않다.

④ 공인중개사법령상 중개의뢰인이 행정형벌을 받는 경우는 없다.

⑤ 정보통신서비스 제공자가 국토교통부장관의 인터넷 표시·광고 모니터링 관련 자료의 제출 요구를 정당한 사유 없이 불이행한 경우 100만원 이하의 과태료를 부과한다.

65 **공인중개사법령상 100만원 이하의 과태료부과대상자에 해당하지 <u>않는</u> 자는?**

① 중개사무소등록증 원본을 게시하지 아니한 개업공인중개사

② 중개사무소를 이전한 날부터 10일 이내에 이전신고를 하지 아니한 개업공인중개사

③ 변경신고를 하지 아니하고 신고한 휴업기간을 변경한 개업공인중개사

④ 중개가 완성된 때에 보증관계증서 사본(전자문서 포함)을 교부하지 않은 개업공인중개사

⑤ 인원 수 제한을 위반하여 중개보조원을 고용한 개업공인중개사

66 **공인중개사법령상 과태료 부과사유와 과태료 부과권자의 연결이 <u>틀린</u> 것은?**

① 등록취소처분을 받은 후 중개사무소등록증을 반납하지 않은 자 - 등록관청

② 정당한 사유 없이 연수교육을 받지 않은 개업공인중개사 - 등록관청

③ 사무소 명칭에 "공인중개사사무소"라는 문자를 사용한 부칙상의 개업공인중개사 - 등록관청

④ 자격취소처분을 받은 후 자격증을 반납하지 않은 자 - 시·도지사

⑤ 국토교통부장관의 공제사업 개선명령을 이행하지 않은 자 - 국토교통부장관

67 공인중개사법령상 제재가 적용된 사례로 **틀린** 것은?

① 甲이 중개사무소의 개설등록을 하지 않고 중개업을 해서 1천만원의 벌금형을 선고받았다.

② 乙이 거짓 그 밖의 부정한 방법으로 중개사무소의 개설등록을 해서 1년의 징역형을 선고받았다.

③ 공인중개사가 아닌 丙이 "공인중개사" 명칭을 사용해서 100만원의 벌금형을 선고받았다.

④ 소속공인중개사 丁이 거래당사자 쌍방을 대리해서 6개월의 자격정지처분을 받았다.

⑤ 개업공인중개사 戊가 옥외광고물에 성명을 표기하지 않아서 150만원의 과태료처분을 받았다.

68 부동산 거래신고 등에 관한 법령상 부동산 거래신고의 대상이 되는 계약은 모두 몇 개인가?

> ㉠ 「산업입지 및 개발에 관한 법률」에 따른 부동산에 대한 공급계약
> ㉡ 「택지개발촉진법」에 따른 부동산에 대한 공급계약
> ㉢ 「주택법」에 따른 부동산에 대한 공급계약을 통하여 공급된 부동산의 임대차계약
> ㉣ 「건축물의 분양에 관한 법률」에 따른 부동산에 대한 공급계약을 통하여 부동산을 공급받는 자로 선정된 지위의 매매계약
> ㉤ 「빈집 및 소규모주택 정비에 관한 특례법」 제29조에 따른 사업시행계획인가로 취득한 입주자로 선정된 지위의 매매계약
> ㉥ 「빈집 및 소규모주택 정비에 관한 특례법」에 따른 부동산에 대한 공급계약을 통하여 부동산을 공급받는 자로 선정된 지위의 매매계약
> ㉦ 「빈집 및 소규모주택 정비에 관한 특례법」에 따른 부동산에 대한 공급계약
> ㉧ 「빈집 및 소규모주택 정비에 관한 특례법」에 따른 부동산에 대한 공급계약을 통하여 부동산을 공급받는 자로 선정된 지위의 증여계약

① 3개   ② 4개   ③ 5개   ④ 6개   ⑤ 7개

69 부동산 거래신고에 관한 법령상 부동산 거래신고에 관한 설명으로 옳은 것은?

① 개업공인중개사가 「공인중개사법」에 따라 거래계약서를 작성·교부한 경우에는 해당 개업공인중개사가 부동산거래신고를 하여야 한다. 이 경우 공동으로 중개를 한 경우에는 해당 개업공인중개사들 중 1명이 부동산거래신고를 하면 된다.

② 부동산거래신고를 해야 하는 개업공인중개사의 위임을 받은 소속공인중개사는 부동산거래계약 신고서의 제출(전자문서에 의한 신고는 포함한다)을 대행할 수 있다.

③ 「부동산등기 특별조치법」에 따른 검인을 받은 때에는 부동산거래신고필증을 발급받은 것으로 본다.

④ 개업공인중개사가 부동산거래신고를 하는 경우 중개사무소 소재지를 관할하는 등록관청에게 하여야 한다.

⑤ 신고관청은 신고내용을 조사한 경우 조사 결과를 시·도지사에게 보고하여야 하며, 시·도지사는 이를 국토교통부장관에게 매월 1회 보고하여야 한다.

70 부동산 거래신고 등에 관한 법령상 부동산거래신고에 관한 설명으로 옳은 것은?

① 거래당사자 일방이 해제 등 신고를 거부한 경우, 단독으로 해제 등 신고를 하려는 자는 단독으로 서명 또는 날인한 해제 등 신고서에 단독신고사유서와 거래계약서 사본을 첨부해야 한다.

② 부동산거래신고를 한 개업공인중개사가 해제 등이 확정된 날부터 30일 이내에 해제 등 신고를 하지 아니한 경우, 500만원 이하의 과태료를 부과한다.

③ 거래가격이 잘못 기재된 경우 정정신청을 할 수 있다.

④ 공동 매수에서 매수인 중 일부가 제외된 경우, 변경신고 대상에 해당하지 않는다.

⑤ 부동산 공급계약, 전매계약(분양권, 입주권)의 경우 거래가격 중 분양가격 및 선택품목은 거래당사자 일방이 단독으로 변경신고를 할 수 있다.

71 부동산 거래신고 등에 관한 법령상 부동산거래신고에 관한 설명으로 옳은 것은?

① 비(非)규제지역 내의 주택이라면 실제 거래가격과 상관없이 자금조달·입주계획서를 제출하지 않는다.

② 「주택법」상 조정대상지역 내의 주택을 매수한 자연인은 실제 거래가격이 6억원 미만일 때에는 자금조달·입주계획서를 제출하지 않는다.

③ 「주택법」상 투기과열지구 내의 주택을 매수한 자연인은 자금조달·입주계획서에 자금조달계획을 증명하는 서류를 첨부하여 제출해야 한다.

④ 국가 등이 주택 매도인이고, 자연인이 주택 매수인인 경우에도 자금조달·입주계획서를 제출하지 않는다.

⑤ 법인 외의 자가 법인 신고서를 제출하는 경우, 법인은 법인 외의 자에게 거래계약 체결일부터 30일 이내에 법인 신고서를 제공해야 한다.

72 甲이 토지를 매수하는 계약을 체결하였을 때, 부동산 거래신고 등에 관한 법령에 따라 자금조달계획 및 토지이용계획을 신고해야 하는 경우를 모두 고른 것은? (甲, 乙, 丙, 丁은 자연인이고, 戊는 「지방공기업법」상 지방공단이고, 해당 토지는 토지거래허가구역은 아님)

> ㉠ 甲이 수도권 등에 소재하는 乙소유 토지(지분으로 매수하는 경우는 제외한다)를 실제 거래가격 7천만원으로 매수하는 경우
> ㉡ 甲이 수도권 등에 소재하는 토지에 대한 丙의 지분을 실제 거래가격 7천만원으로 매수하는 경우
> ㉢ 甲이 수도권 등 외의 지역에 소재하는 丁소유 토지(지분으로 매수하는 경우는 제외한다)를 실제 거래가격 10억원으로 매수하는 경우
> ㉣ 甲이 수도권 등 외의 지역에 소재하는 토지에 대한 戊의 지분을 실제 거래가격 10억원으로 매수하는 경우

① ㉠ ② ㉠, ㉣ ③ ㉡, ㉢
④ ㉡, ㉢, ㉣ ⑤ ㉠, ㉡, ㉢, ㉣

73 부동산 거래신고 등에 관한 법령상 부동산거래신고에 관한 설명으로 옳은 것은?

① 부당하게 재물이나 재산상 이득을 취득하거나 제3자로 하여금 이를 취득하게 할 목적으로 신고대상인 계약을 체결하지 아니하였음에도 불구하고 거짓으로 신고를 한 자에게는 3천만원 이하의 과태료를 부과한다.

② 신고대상인 계약을 체결한 후 신고의무자가 아닌 자로서 거짓으로 부동산 거래신고를 한 자에게는 해당 부동산 등의 취득가액의 100분의 5 이하에 상당하는 금액의 과태료를 부과한다.

③ 신고대상인 계약을 체결하지 아니하였음에도 불구하고 거짓으로 신고를 한 경우 과태료부과 기준금액의 2분의 1의 범위에서 그 금액을 늘리거나 줄일 수 있다. 다만, 늘리는 경우에도 과태료의 총액은 법에서 정한 과태료의 상한을 초과할 수 없다.

④ 신고대상인 계약을 체결하지 아니하였음에도 불구하고 거짓으로 신고를 한 자로서 자진 신고한 자에 대하여 부과되는 과태료를 감경 또는 면제할 수 있다.

⑤ 개업공인중개사에게 과태료를 부과한 신고관청은 부과일부터 10일 이내에 해당 개업공인중개사의 중개사무소(법인의 경우에는 주된 중개사무소를 말한다)를 관할하는 시장·군수 또는 구청장에 과태료 부과 사실을 통보하여야 한다.

74 부동산 거래신고 등에 관한 법령상 부동산거래계약신고서의 작성에 관한 설명으로 옳은 것은?

① 공법상 이용제한 및 거래규제는 부동산거래계약신고서의 기재사항이다.

② 내국인이 부동산 등을 매수하는 경우 국적을 적지 않아도 되지만, 매수용도는 표시해야 한다.

③ 최초 공급계약(분양) 또는 전매계약(분양권, 입주권)의 경우 분양가격을 적고, 발코니 확장 등 선택비용 및 추가 지급액 등은 적지 않는다.

④ 총 실제 거래가격란에는 전체 거래가격(둘 이상의 부동산을 함께 거래하는 경우 각각의 부동산별 거래가격의 합계 금액)을 적는다.

⑤ '거래계약의 체결일'이란 거래당사자가 구체적으로 특정되고, 거래계약의 중요부분에 대하여 거래당사자가 합의한 날을 말한다. 이 경우 합의와 더불어 계약금의 전부 또는 일부를 지급한 경우에는 그 지급일을 거래계약의 체결일로 본다. 또한 합의한 날이 계약금의 전부 또는 일부를 지급한 날보다 앞서는 것이 서면 등을 통해 인정되더라도 그 지급일을 거래계약의 체결일로 본다.

75 부동산 거래신고 등에 관한 법령상 대통령령으로 정하는 지역에서 대통령령으로 정하는 금액을 초과하는 주택임대차계약의 경우 주택임대차계약의 신고를 하여야 한다. 다음 중 주택임대차계약의 신고에 관한 설명으로 옳은 것은?

① "대통령령으로 정하는 금액을 초과하는 임대차계약"이란 보증금이 6천만원을 초과하거나 월 차임이 30만원을 초과하는 주택 임대차 계약(계약을 갱신하는 경우로서 보증금 및 차임의 증감 없이 임대차 기간만 연장하는 계약을 포함한다)을 말한다.

② "대통령령으로 정하는 지역"이란 특별자치시 · 특별자치도 · 시 · 군(광역시의 관할구역에 있는 군으로 한정한다) · 구(자치구를 말한다)를 말한다.

③ 계약갱신요구권의 행사 여부는 신규로 임대차계약을 체결한 경우에도 신고사항에 해당한다.

④ 신고사항이 모두 적혀 있고 임대차계약 당사자의 서명이나 날인이 되어 있는 주택임대차 계약서를 신고관청에 제출하면 임대차계약 당사자가 공동으로 임대차 신고서를 제출한 것으로 본다.

⑤ 부동산거래계약시스템을 통해 주택 임대차 계약을 체결한 경우에도 임대차 계약 당사자는 신고서를 제출하여야 한다.

76 개업공인중개사가 외국인에게 부동산 거래신고 등에 관한 법령상 외국인 등의 부동산 등 취득특례를 설명한 내용으로 옳은 것은? (단, 상호주의에 따른 제한은 고려하지 않음)

① 외국법령에 의해 설립된 법인으로서 사원 또는 구성원의 3분의 1이 대한민국 국적을 보유하지 않은 법인은 외국인에 해당한다.

② 외국인이 대한민국 안의 부동산 등을 취득하는 계약(부동산거래신고대상이 되는 계약은 제외한다)을 체결하였을 때에는 계약체결일부터 6개월 이내에 취득신고를 해야 한다.

③ 외국인이 건축물의 신축 · 증축 · 개축 · 재축 등의 원인으로 대한민국 안의 부동산 등을 취득한 경우 그 취득한 날부터 60일 이내에 취득신고를 해야 한다.

④ 부동산거래신고대상인 계약을 체결하고 부동산거래의 신고를 한 경우에도 거래계약 체결일부터 60일 이내에 외국인 등의 부동산 등 취득특례에 따른 취득신고를 해야 한다.

⑤ 대한민국 안의 부동산 등을 가지고 있는 대한민국 국민이 외국인으로 변경된 경우 그 외국인이 해당 부동산 등을 계속 보유하려는 경우에는 외국인으로 변경된 날부터 6개월 이내에 국토교통부장관에게 신고를 해야 한다.

77 개업공인중개사가 대한민국 내의 부동산 등을 취득하고자 하는 외국인에게 설명한 내용으로 옳은 것은? (단, 상호주의에 따른 제한은 고려하지 않음)

① 외국인이 대한민국에 소재하는 건물에 대한 저당권을 취득하는 경우에 부동산 거래신고 등에 관한 법령상 외국인 등의 부동산 등의 취득특례가 적용된다.

② 특별자치시장은 신고내용을 매 분기 종료일부터 1개월 이내에 시·도지사에게 직접 제출해야 한다.

③ 외국인이 경매로 대한민국 안의 부동산 등을 취득한 때에는 부동산 등을 취득한 날부터 6개월 이내에 신고관청에게 취득신고를 해야 한다. 취득신고를 하지 않은 외국인은 벌금형을 받을 수 있다.

④ 「자연환경보전법」상 생태·경관보전지역 내의 토지의 관하여 허가신청을 받은 신고관청은 30일 이내에 허가 또는 불허가 처분을 해야 한다.

⑤ 「자연환경보전법」상 생태·경관보전지역 내의 토지의 관하여 외국인 등의 부동산 등의 취득특례상 취득허가를 받은 경우, 토지거래허가의 규정은 적용되지 않는다.

78 부동산 거래신고 등에 관한 법령상 토지거래계약허가구역의 지정 및 해제에 관한 설명으로 옳은 것은?

① 국토교통부장관 또는 시·도지사는 허가대상자(외국인 등을 포함한다), 허가대상 용도와 지목 등을 특정하여 허가구역을 지정할 수 있다.

② 시·도지사는 지정기간이 끝나는 지역을 다시 허가구역으로 지정하려는 경우 미리 시장·군수 또는 구청장의 의견을 들어야 한다. 이 경우 시·도도시계획위원회의 심의는 생략할 수 있다.

③ 허가구역지정 공고내용의 통지를 받은 시장·군수 또는 구청장은 지체 없이 그 사실을 15일 이상 공고하고, 그 공고내용을 7일간 일반이 열람할 수 있도록 하여야 한다.

④ 허가구역의 지정은 허가구역의 지정을 공고한 날부터 그 효력이 발생한다.

⑤ 국토교통부장관은 허가구역의 지정 사유가 없어졌다고 인정되거나 관계 시·도지사, 시장·군수 또는 구청장으로부터 받은 허가구역 지정 해제 요청이 이유가 있다고 인정되면 중앙도시계획위원회의 심의를 생략하고 허가구역의 지정을 해제할 수 있다.

79 부동산 거래신고 등에 관한 법령상 토지거래계약의 허가 등에 관한 설명으로 옳은 것은?

① 토지거래계약의 허가를 받으려는 자는 그 허가신청서에 계약내용과 토지이용계획, 취득자금 조달계획 등을 적어 시장·군수 또는 구청장에게 제출하여야 한다.

② 「민원처리에 관한 법률」에 따른 처리 기간에 허가증의 발급 또는 불허가처분 사유의 통지가 없거나 선매협의 사실의 통지가 없는 경우에는 그 기간이 끝난 날의 다음 날에 토지거래계약의 불허가가 있는 것으로 본다.

③ 토지거래계약의 허가 또는 불허가처분에 이의가 있는 자는 그 처분을 받은 날부터 30일 이내에 시장·군수 또는 구청장에게 이의를 신청할 수 있다.

④ 토지거래계약의 허가신청이 된 토지에 대하여 시장·군수 또는 구청장이 선매자를 지정하는 경우 선매자가 토지를 매수할 때의 가격은 공시지가를 기준으로 하되, 허가신청서에 적힌 가격이 공시지가보다 낮은 경우에는 허가신청서에 적힌 가격으로 할 수 있다.

⑤ 토지거래계약에 관한 허가를 받은 자가 그 토지를 허가받은 목적대로 이용하지 아니한 경우 시장·군수 또는 구청장은 토지거래계약허가의 취소처분을 할 수 있지만, 국토교통부장관과 시·도지사는 토지거래계약허가의 취소처분을 할 수 없다.

80 부동산 거래신고 등에 관한 법령상 토지거래계약의 허가 등에 관한 설명으로 옳은 것은?

① 토지거래허가구역이라 하더라도 주거지역 안의 $180m^2$ 이하 면적의 토지거래계약은 토지거래허가를 받지 않아도 된다.

② 허가기준 면적을 산정할 때 일단의 토지이용을 위하여 토지거래계약을 체결한 날부터 2년 이내에 일단의 토지 일부에 대하여 토지거래계약을 체결한 경우에는 그 일단의 토지 전체에 대한 거래로 본다.

③ 자기의 거주용 주택용지로 이용하려는 경우 허가목적대로 이용하여야 하는 기간은 토지 취득일부터 3년이다.

④ 토지의 이용의무를 이행하지 아니한 자에 대한 이행명령은 문서로 하여야 하며, 이행기간은 1개월 이내로 정하여야 한다.

⑤ 토지거래계약허가를 받아 토지를 취득한 자가 허가관청의 승인 없이 당초의 이용목적을 변경하여 이용하는 경우 토지 취득가액의 100분의 5에 상당하는 금액의 이행강제금을 부과한다.

81 부동산 거래신고 등에 관한 법령상 토지거래허가구역 내의 토지에 대하여 허가를 받지 않고 매매계약을 체결하고 계약금이 수수된 경우에 관한 설명으로 옳은 것은? (다툼이 있으면 판례에 따름)

① 매수인은 허가받을 것을 조건으로 소유권이전등기청구권을 행사할 수 있다.
② 허가를 받기 전에 매수인은 부당이득을 이유로 계약금의 반환을 청구할 수 있다.
③ 매수인은 계약금을 포기하고 계약을 해제할 수 없다.
④ 매수인은 매도인의 채무불이행을 이유로 손해배상을 청구할 수 있다.
⑤ 매수인은 매도인의 협력의무 불이행을 이유로 손해배상을 청구할 수 있다.

82 개업공인중개사가 「장사 등에 관한 법률」에 대해 중개의뢰인에게 설명한 것으로 옳은 것은?

① 개인묘지는 20m²를 초과해서는 안 된다.
② 법인묘지에는 폭 5m 이상의 도로와 그 도로부터 각 분묘로 통하는 충분한 진출입로를 설치하고, 주차장을 마련하여야 한다.
③ 법인묘지의 면적은 1만m² 이상이어야 한다.
④ 문중자연장지를 조성하려는 자는 관할 시장 등의 허가를 받아야 한다.
⑤ 설치기간이 끝난 분묘의 연고자는 설치기간이 끝난 날부터 1개월 이내에 해당 분묘에 설치된 시설물을 철거하고 매장된 유골을 화장하거나 봉안해야 한다.

83 개업공인중개사가 중개의뢰인에게 「농지법」에 대해 설명한 내용으로 옳은 것은?

① 다년생식물 재배지 등 대통령령으로 정하는 농지의 경우 임대차기간은 3년 이상으로 하여야 한다.
② 농지전용협의를 마친 농지를 매수하는 경우에도 농지취득자격증명이 필요하다.
③ 주말·체험영농의 목적으로 농지를 소유하는 경우 세대원 전부가 소유하는 총 면적이 1천m² 미만이어야 한다.
④ 농업진흥지역 내라 하더라도 주말·체험영농의 목적으로 농지를 취득할 수 있다.
⑤ 3년간 농업경영을 하다가 이농(離農)하는 경우 총 1만m² 까지만 소유할 수 있다.

84 공인중개사법령상 주거용 건축물의 중개대상물 확인·설명서(Ⅰ) 작성방법에 관한 설명으로 옳은 것은?

① "최우선변제금액"은 임대차계약 체결시를 기준으로 하며, "실제 권리관계 또는 공시되지 않은 물건의 권리사항"란에 적는다.

② "민간임대 등록 여부"는 임대주택 정보체계에 접속하여 확인하거나 임대인에게 확인하여 "권리관계"란에 적는다.

③ "계약갱신요구권의 행사 여부"는 "권리관계"란에 적는다.

④ "현장안내"란에는 개업공인중개사 기본 확인사항으로서 현장안내자를 표시하고, 중개보조원이 현장안내를 한 경우 신분고지 여부를 표시한다.

⑤ 관리비는 직전 1년간 월평균 관리비 등을 기초로 산출한 총 금액을 적되, 관리비에 포함되는 비목들에 대해서는 해당하는 곳에 표시하고, 부과방식도 해당하는 곳에 표시한다.

85 공인중개사법령상 토지 중개대상물 확인·설명서(Ⅲ) 작성방법에 관한 설명으로 옳은 것은?

① "민간임대 등록 여부"는 "임대차 확인사항"란에 적는다.

② "교육시설"은 "입지조건"란에 적는다.

③ "단독경보형감지기의 설치 여부"는 매도(임대)의뢰인에게 자료를 요구하여 확인한 사항을 적는다.

④ "비선호시설(1km 이내)의 유무(有無)"는 개업공인중개사가 확인한 사항을 적는다.

⑤ "바닥면이 깨끗한지 보통인지 여부"는 매도(임대)의뢰인에게 자료를 요구하여 확인한 사항을 적는다.

86 「부동산등기 특별조치법」상 검인신청에 관한 설명으로 옳은 것은?

① 개업공인중개사의 중개로 거래가 이루어진 경우 개업공인중개사는 검인을 신청하여야 한다.

② 저당권설정계약서에 검인을 신청하여야 한다.

③ 권리이전의 내용은 검인계약서에 필수적으로 기재해야 하는 사항이다.

④ 시장 등이 검인을 한 때에는 그 계약서 또는 판결서 등의 사본 2통을 작성하여 1통은 보관하고 1통은 부동산의 소재지를 관할하는 세무서장에게 송부하여야 한다.

⑤ 2개 이상의 시·군·구에 있는 수 개의 부동산의 소유권이전을 내용으로 하는 계약서 또는 판결서 등을 검인받고자 하는 경우에는 모든 시·군·구를 관할하는 시장·군수·구청장에게 각각 검인을 신청하여야 한다.

87 甲은 乙과 乙소유 부동산의 매매계약을 체결하면서 친구 사이인 甲과 丙 간의 명의신탁약정에 따라 丙명의로 소유권이전등기를 하기로 하였다. 乙에서 丙에게로 이전등기가 이루어진 경우에 대하여 개업공인중개사가 甲과 乙에게 설명한 내용으로 옳은 것은? (다툼이 있으면 판례에 따름)

① 丙 명의의 등기는 유효하다.

② 丙 명의로 등기가 이루어지더라도 소유권은 乙에게 귀속한다.

③ 甲은 乙을 대위해서 丙에게 진정명의 회복을 원인으로 소유권이전등기를 청구할 수 없다.

④ 甲은 명의신탁약정을 해지한 후 丙에게 소유권이전등기를 청구할 수 있다.

⑤ 丙이 위 부동산을 제3자에게 처분한 경우 乙에 대한 횡령죄가 성립한다.

88 친구 사이인 甲과 乙 간의 명의신탁약정에 따라 수탁자 乙이 매수인으로서 丙소유의 X토지를 매입하고 乙명의로 이전등기를 하였다. 이 경우의 법률관계에 관한 설명으로 옳은 것은? (다툼이 있으면 판례에 따름)

① 丙이 甲과 乙 간에 명의신탁약정이 있다는 사실을 모른 경우, X토지에 대한 소유자는 丙이다.

② 丙이 甲과 乙 간에 명의신탁약정이 있다는 사실을 모른 경우, 甲과 乙 간의 명의신탁약정은 유효이다.

③ 丙이 乙에게 소유권이전등기를 할 때 비로소 甲과 乙 간에 명의신탁약정이 있다는 사실을 알게 된 경우 X토지의 소유자는 丙이다.

④ 丙이 甲과 乙 간에 명의신탁약정이 있다는 사실을 알고 있었던 경우, X토지에 대한 소유자는 乙이다.

⑤ 丙이 甲과 乙 간에 명의신탁약정이 있다는 사실을 알았는지 여부와 관계없이 甲이 X토지를 20년간 점유했다 하더라도 점유할 다른 권원이 인정되는 등 특별한 사정이 없는 한 점유취득시효가 인정되지 않는다.

89 개업공인중개사가 중개의뢰인에게 「주택임대차보호법」에 대해 설명한 내용으로 옳은 것은? (다툼이 있으면 판례에 따름)

① 중소기업인 법인의 소속 '직원'의 명의로 주민등록이 되어 있지 않고, 대표이사 또는 사내이사로 등기된 사람의 명의로 주민등록이 되어도 그 중소기업인 법인은 대항력을 취득한다.

② 주택을 임차한 중소기업이 아닌 일반 법인에게는 임차주택의 양수인이 임대인의 지위를 승계한다는 규정이 원칙적으로 적용된다. 따라서 임대인의 임차인인 법인에 대한 보증금반환채무는 원칙적으로 소멸한다.

③ 임차인이 임대차계약의 갱신을 요구하면 임대인에게 갱신거절 사유가 존재하지 않는 한 임대인에게 갱신요구가 도달한 때 갱신의 효력이 발생한다. 갱신의 효력이 발생한 경우 임차인은 언제든지 계약의 해지통지를 할 수 있고, 임대인이 해지통지를 받은 날부터 3개월이 지나면 그 효력이 발생한다.

④ 임차인이 주택의 점유를 상실하여 대항력이 소멸한 후 임차권등기를 마친 경우, 대항력이 소급하여 회복된다.

⑤ 임차인이 임차권등기명령 신청비용과 임차권등기비용에 대한 비용상환청구권을 상계의 자동채권으로 삼는 등의 방법으로 행사할 수 없다.

90 개업공인중개사가 중개의뢰인에게 「주택임대차보호법」에 대해 설명한 내용으로 옳은 것은? (다툼이 있으면 판례에 따름)

① 임차인이 임의경매절차에서 매각대금을 납부하지 아니한 최고가매수신고인과 임대차계약을 체결하고, 주택을 인도받아 전입신고 및 확정일자를 갖추었다면 우선변제권을 취득한다.

② 대항력을 갖춘 임차인은 저당권설정등기 이후 증액된 임차보증금에 관하여는 저당권에 기해 주택을 경락받은 소유자에게 대항할 수 있다.

③ 확정일자를 먼저 받은 후 주택의 인도와 전입신고를 하면 그 전입신고일이 저당권설정등기일과 같은 경우 저당권자가 임차인에 우선한다.

④ 주택임차인이 그 지위를 강화하고자 별도로 전세권설정등기를 마쳤다면 「주택임대차보호법」상 대항요건을 상실하더라도 이미 취득한 「주택임대차보호법」상 대항력 및 우선변제권은 상실되지 않는다.

⑤ 대지에 저당권설정 후에 비로소 건물이 신축된 경우에도 소액임차인은 대지의 환가대금에서 우선변제를 받을 수 있다.

91 개업공인중개사가 2025년 8월에 보증금 5억원, 월차임 500만원으로 하여 서울특별시 소재하는 상가건물의 임대차를 중개하는 경우 「상가건물 임대차보호법」에 대해서 설명한 내용으로 옳은 것은?

① 기간의 정함이 없거나 기간을 1년 미만으로 정한 임대차는 그 기간을 1년으로 본다.

② 임대인의 차임증액청구가 인정되더라도 25만원까지만 인정된다.

③ 임차인에게 대항력이 있는 경우 상가건물의 양수인은 임대인의 지위를 승계한 것으로 본다.

④ 임대차등기를 하지 않은 임차인이 관할 세무서장으로부터 확정일자를 받은 경우, 상가건물의 경매시 후순위 권리자보다 우선하여 변제받을 권리가 있다.

⑤ 임대차가 종료된 후 보증금이 반환되지 아니한 임차인은 상가건물의 소재지를 관할하는 지방법원에 임차권등기명령을 신청할 수 있다.

92 개업공인중개사가 중개의뢰인에게 「상가건물 임대차보호법」의 적용을 받는 상가
건물임대차에 대해서 설명한 내용으로 옳은 것은? (다툼이 있으면 판례에 따름)

① 상가임대차가 종료된 경우 보증금을 반환받을 때까지 임차 목적물을 계속
점유하면서 사용·수익한 임차인은 시가에 따른 차임에 상응하는 부당이득
금을 지급할 의무를 부담한다.

② 상가건물을 임차하고 사업자등록을 한 사업자가 폐업신고를 하였다가 다시
같은 상호 및 사업자등록번호로 사업자등록을 했다면 기존의 대항력은 유
지된다.

③ 임대인이 갱신거절의 통지를 먼저 한 후에는 임차인은 계약갱신요구권을
행사할 수 없다.

④ 임대인의 동의를 받고 전대차계약을 체결한 전차인은 임차인의 계약갱신요
구권 행사기간 이내에 임차인을 대위하여 임대인에게 계약갱신요구권을 행
사할 수 있다.

⑤ 보증금이 5천만원, 월차임이 50만원인 상가의 임차인은 경매시 보증금 중
일정액을 다른 담보물권자보다 우선하여 변제받을 권리가 있다.

93 개업공인중개사가 중개의뢰인에게 「상가건물 임대차보호법」상 권리금 회수기회
보호에 관한 설명으로 옳은 것은? (다툼이 있으면 판례에 따름)

① 「전통시장 및 상점가 육성을 위한 특별법」 제2조 제1호에 따른 전통시장은
권리금 회수기회 보호규정이 적용되지 아니한다.

② '임대차 목적물인 상가건물을 1년 6개월 이상 영리목적으로 사용하지 아니
한 경우'에서 영리 목적으로 사용하지 아니한 자는 임차인이다.

③ 임대인이 비영리목적 사용을 이유로 임차인이 주선한 신규임차인과의 계약
을 거절한 후 해당 상가건물을 매도한 경우, 새로운 소유자는 해당 상가건물
을 곧바로 영리 목적으로 사용할 수 있다.

④ 임대인이 선택한 신규임차인이 임차인과 권리금계약을 체결하고 그 권리금
을 지급한 경우에는 임차인이 주선한 신규임차인이 되려는 자와 임대차계
약의 체결을 거절할 수 있는 정당한 사유에 해당한다.

⑤ 임차인이 3기의 차임액을 연체한 사실이 있는 경우에도 임대인은 권리금 회
수기회 보호의무를 부담한다.

94 「상가건물 임대차보호법」상 권리금 회수기회 보호에 관한 설명으로 옳은 것은?
(단, 갱신거절사유는 없고, 다툼이 있으면 판례에 따름)

① 임대인은 임대차기간이 끝나기 6개월 전부터 1개월 전까지 「상가건물 임대차보호법」에서 정하는 방해 행위를 함으로써 임차인이 권리금을 지급받는 것을 방해해서는 아니 된다.

② 임대인이 해당 건물의 철거 및 재건축 계획을 고지한 사실은 특별한 사정이 없는 한 권리금 회수기회를 방해하는 행위에 해당한다.

③ 임대인의 행위 중 임차인이 주선한 신규임차인이 되려는 자에게 상가건물에 관한 조세, 공과금, 주변 상가건물의 차임 및 보증금, 그 밖의 부담에 따른 금액에 비추어 현저히 고액의 차임과 보증금을 요구하는 행위는 권리금 회수기회를 방해하는 행위에 해당한다.

④ 임대인의 권리금 회수기회에 대한 방해 행위로 임차인이 손해를 입은 경우, 그 손해배상액은 신규임차인이 임차인에게 지급하기로 한 권리금과 임대차 종료 당시의 권리금 중 높은 금액으로 한다.

⑤ 임대인의 권리금 회수기회에 대한 방해 행위로 손해를 입은 임차인의 손해배상청구권은 방해 행위가 있은 날부터 3년 이내에 행사하지 아니하면 시효의 완성으로 소멸한다.

95 「집합건물 소유 및 관리에 관한 법률」에 관한 설명으로 옳은 것은? (다툼이 있으면 판례에 따름)

① 관리단집회 결의나 다른 구분소유자의 동의 없이 구분소유자 1인이 공용부분을 독점적으로 점유·사용하는 경우, 다른 구분소유자는 공용부분의 보존행위로서 그 인도를 청구할 수 있다.

② 일부의 구분소유자만이 공용하도록 제공되는 것임이 명백한 공용부분도 구분소유자 전원의 공유에 속한다.

③ 전유부분이 속하는 1동의 건물의 설치 또는 보존의 흠으로 인하여 다른 자에게 손해를 입힌 경우에는 그 흠은 전유부분에 존재하는 것으로 추정한다.

④ 구분소유자는 공용부분에 대한 지분을 그가 가지는 전유부분과 분리하여 처분할 수 없다.

⑤ 규약으로써 달리 정한 경우에도 구분소유자는 그가 가지는 전유부분과 분리하여 대지사용권을 처분할 수 없다.

96 개업공인중개사가 「민사집행법」에 따른 경매에 대해 의뢰인에게 설명한 내용으로 옳은 것은?

① 기일입찰에서 매수신청인은 보증으로 매각대금의 10분의 1에 해당하는 금액을 집행관에게 제공해야 한다.

② 「민법」·「상법」 그 밖의 법률에 의하여 우선변제청구권이 있는 채권자는 매각결정기일까지 배당요구를 할 수 있다.

③ 차순위매수신고는 그 신고액이 최고가매수신고액에서 그 보증액을 뺀 금액을 넘는 때에만 할 수 있다.

④ 매수인은 매각부동산 위의 유치권자에게 그 유치권으로 담보하는 채권을 변제할 책임이 없다.

⑤ 매각부동산 위의 전세권은 저당권에 대항할 수 있는 경우에는 전세권자가 배당요구를 하더라도 매각으로 소멸하지 않는다.

97 개업공인중개사가 「민사집행법」에 따른 경매에 대해 의뢰인에게 설명한 내용으로 옳은 것은?

① 후순위 저당권자가 경매를 신청한 경우 매각부동산 위의 선순위 저당권은 매각으로 소멸하지 않는다.

② 담보목적이 아닌 최선순위 소유권이전등기청구권보전의 가등기가 설정된 부동산을 경매로 취득한 자는 소유권을 상실할 수 있다.

③ 임차건물이 매각되면 보증금이 전액 변제되지 않은 대항력이 있는 임차권도 소멸한다.

④ 매각허가결정에 대하여 항고하고자 하는 사람은 보증으로 최저매각가격의 10분의 1에 해당하는 금전을 공탁해야 한다.

⑤ 매수인이 매각대금을 납부하지 못하여 다시 매각을 하는 경우, 법원은 종전의 최저매각가격을 상당히 낮추고 재매각기일을 정하여야 한다.

98 「공인중개사의 매수신청대리인 등록 등에 관한 규칙」의 내용으로 옳은 것은?

① 공인중개사는 중개사무소의 개설등록을 하지 않으면 매수신청대리인 등록을 할 수 없다.

② 「입목에 관한 법률」에 따른 입목은 중개대상물에 해당하지만, 매수신청대리의 대상물에는 해당하지 않는다.

③ 개업공인중개사는 매수신청대리의 위임을 받은 경우 「민사집행법」에 따른 매각허가결정에 대한 항고를 할 수 있다.

④ 개업공인중개사는 매수신청대리행위를 함에 있어서 소속공인중개사를 대리 출석시킬 수 있지만, 중개보조원을 대리 출석시킬 수는 없다.

⑤ 개업공인중개사는 매수신청대리의 위임을 받은 경우, 매수신청대리에 관한 보수표와 보수에 대하여 위임인에게 설명해야 한다.

99 「공인중개사의 매수신청대리인 등록 등에 관한 규칙」의 내용으로 옳은 것은?

① 개업공인중개사의 중개업 폐업신고에 따라 매수신청대리인 등록이 취소된 경우에 그 등록이 취소된 후 3년 동안 등록의 결격사유에 해당한다.

② 개업공인중개사는 매수신청대리인이 된 사건에 있어서 매수신청인으로서 매수신청을 하는 행위를 할 수 있다.

③ 매수신청대리의 위임계약을 체결하기 전에 매수신청대리 대상물의 권리관계, 경제적 가치, 매수인이 인수 및 부담해야 할 사항 등에 대하여 위임인에게 성실·정확하게 설명하고 등기사항증명서 등 설명의 근거자료를 제시해야 한다.

④ 이 규칙상의 업무정지기간은 1개월 이상 2개월 이하로 한다.

⑤ 매수신청대리인 등록을 한 개업공인중개사는 법원행정처장이 인정하는 특별한 경우에는 그 사무소의 간판에 "법원"의 휘장 등을 표시할 수 있다.

100 「공인중개사의 매수신청대리인 등록 등에 관한 규칙」에 관한 설명으로 옳은 것은?

① 매수신청대리 보수의 지급시기는 약정이 없을 때에는 매각결정기일로 한다.

② 중개업 실무교육을 이수하고 1년 이내에 매수신청대리인 등록신청을 하는 자는 경매관련 실무교육이 면제가 된다.

③ 개업공인중개사가 매수신청대리 위임계약을 체결한 경우 매수신청대상물의 확인·설명서 사본을 3년간 보존해야 한다.

④ 매수신청대리인으로 등록한 개업공인중개사는 업무를 개시하기 전에 위임인에 대한 손해배상책임을 보장하기 위하여 보증보험 또는 협회의 공제에 가입하거나 공탁을 하여야 한다.

⑤ 지방법원장은 매수신청대리업무에 관하여 관할 안에 있는 협회의 시·도지부와 매수신청대리인 등록을 한 개업공인중개사를 감독한다.

정답

1	2	3	4	5	6	7	8	9	10
②	①	④	③	⑤	③	②	⑤	④	⑤

11	12	13	14	15	16	17	18	19	20
①	③	①	⑤	②	⑤	①	③	②	④

21	22	23	24	25	26	27	28	29	30
③	④	②	③	②	④	⑤	②	⑤	①

31	32	33	34	35	36	37	38	39	40
④	①	②	⑤	⑤	②	④	④	⑤	②

41	42	43	44	45	46	47	48	49	50
④	⑤	④	③	③	②	①	①	甲 : 120 乙 : 80 丙 : 0	③

51	52	53	54	55	56	57	58	59	60
③	③	①	②	①	①	②	①	②	⑤

61	62	63	64	65	66	67	68	69	70
①	①	③	③	⑤	②	⑤	④	⑤	⑤

71	72	73	74	75	76	77	78	79	80
③	④	⑤	④	④	①	⑤	①	①	⑤

81	82	83	84	85	86	87	88	89	90
⑤	②	③	⑤	④	④	②	⑤	③	③

91	92	93	94	95	96	97	98	99	100
③	④	④	③	④	③	②	①	⑤	⑤

제36회 공인중개사 시험대비 **전면개정**

2025 박문각 공인중개사
송성호 파이널 패스 100선 **2차** 공인중개사법·중개실무

초판인쇄 | 2025. 7. 25. **초판발행** | 2025. 7. 30. **편저** | 송성호 편저

발행인 | 박 용 **발행처** | (주)박문각출판 **등록** | 2015년 4월 29일 제2019-000137호

주소 | 06654 서울시 서초구 효령로 283 서경빌딩 4층 **팩스** | (02)584-2927

전화 | 교재 주문 (02)6466-7202, 동영상문의 (02)6466-7201

저자와의
협의하에
인지생략

이 책의 무단 전재 또는 복제 행위는 저작권법 제136조에 의거, 5년 이하의 징역 또는 5,000만원 이하의 벌금에 처하거나 이를 병과할 수 있습니다.

정가 18,000원
ISBN 979-11-7519-045-0